Saggine / 156

Antonio Gibelli

BERLUSCONI PASSATO ALLA STORIA

L'Italia nell'era della democrazia autoritaria

DONZELLI EDITORE

via Mentana 2b
INTERNET www.donzelli.it
E-MAIL editore@donzelli.it

ISBN 978-88-6036-465-4

Indice

Berlusconi passato alla storia

«L'amour propre est l'amour de soi-même, et de toutes choses pour soi; il rend les hommes idolâtres de eux-mêmes, et les rendrait les tyrans des autres si la fortune leur en donnait les moyens» (La Rochefoucault, *Maximes*, 1664).

Alla memoria di Vittorio Foa

Passare alla storia

Silvio Berlusconi, attuale capo del governo della Repubblica italiana, passerà alla storia come vorrebbe? Dipende. Se intendiamo che la sua fama sarà imperitura quale quella di un faraone egizio o di altri personaggi illustri come Napoleone Bonaparte a cui egli ama paragonarsi – non sempre in tono di facezia –, la risposta è no. È assai improbabile che il mausoleo che si è preparato nella villa di Arcore in vista di tale prospettiva, di fronte al quale un brivido corse sulla schiena del celebre giornalista Indro Montanelli a cui egli aveva riservato un loculo, sarà meta in futuro di schiere di visitatori estatici o semplicemente curiosi. Se invece vogliamo riferirci al fatto che Berlusconi sia menzionato nei manuali di storia, o addirittura che possa dare il nome a un'epoca della storia italiana, la risposta è sì: in questo senso, anzi, alla storia ci è già passato. Intitolargli un paragrafo o un capitolo di un libro di testo scolastico appare oggi un'operazione perfettamente giustificata dal punto di vista storiografico. Ammesso che qualcuno non lo abbia già fatto, è certo che si potrebbe tranquillamente farlo. Detto in altri termini: senza per nulla indulgere alle sue smodate manie di grandezza, è venuto il momento di prenderlo – dal punto di vista storiografico – sul serio.

È ormai chiaro, innanzitutto, che la vita politica italiana ha assunto dai primi anni novanta caratteristiche omogenee ben delineate molto diverse da quelle del passato repubblicano complessivamente considerato. Se ne possono elencare alcune: la personalizzazione e la spettacolarizzazione della politica, il ridimensionamento del ruolo dei partiti in quanto tali a favore di movimenti guidati da capi carismatici, l'affermazione su larga scala di tendenze «antipolitiche» simili a quelle affiorate in vari momenti della storia italiana ma più durature e tenaci, il primato della televisione come strumento di formazione del costume e dell'opinione pubblica. Di tutti questi fattori il massimo esempio e spesso il miglior interprete è proprio l'imprenditore milanese, che è rimasto alla ribalta della politica pressoché senza soluzione di continuità dagli esordi del 1993-94 fino a oggi. Egli è stato inoltre uno dei produttori e una delle più complete espressioni dell'immaginario italiano a cavallo tra il XX e il XXI secolo. Ciò giustifica dunque ampiamente l'adozione di un'espressione come «Italia berlusconiana» con la stessa accezione che possono avere espressioni come «età giolittiana» o simili. Non è in causa qui la statura del personaggio né un elemento valutativo positivo o negativo sul suo operato, quanto il fatto che abbia dato un'impronta omogenea e determinante a tutta un'epoca, il che appare ormai innegabile.

Si può osservare, per rimanere all'analogia, che l'espressione «età berlusconiana», come quella «età giolittiana», non indica una permanenza ininterrotta al governo ma un controllo sostanziale del potere e un'egemonia politica che permette al protagonista di dare l'impronta alla fase. La cosiddetta età giolittiana si fa cominciare prima che Giolitti andasse al governo, quando era presidente del Consiglio il vecchio liberale Zanardelli e Giolitti era solo ministro dell'Interno (1900). E si fa finire nel 1914, alla vigilia della prima guerra mondiale, benché Giolitti fosse stato sostituito nella carica di presidente del Consiglio numerose volte in questo periodo. Ma ancora alla vigilia della guerra egli era molto influente e aveva dalla sua la maggioranza dei parlamentari. Solo la guerra segnò in sostanza la sua uscita di scena, anche se non mancò di riprendere brevemente il suo ruolo nel dopoguerra.

Per quanto riguarda la capacità berlusconiana di dare l'impronta all'epoca, basta pensare al primato esercitato nella comunicazione politica, a cominciare dal dominio del linguaggio, che è da sempre segno e strumento del dominio politico in ragione del suo carattere performativo. Per limitarci a un esempio, l'espressione divenuta popolare grazie a lui, «mettere le mani nelle tasche degli italiani», che equipara il prelievo fiscale – fondamento del moderno stato sociale – a un borseggio, si è insediata nel linguaggio politico corrente senza incontrare resistenze da parte di coloro che avrebbero dovuto identificarne il carattere sottilmente perverso. Un altro indizio linguistico riguarda l'espressione propria del gergo calcistico «scendere in campo», usata nel 1994 da Berlusconi per parlare del suo ingresso nell'agone politico, e entrata anch'essa nel linguaggio comune con questo significato fin quasi ad apparire insostituibile. Quella di Berlusconi è stata un'operazione vincente anche perché ha utilizzato codici ben radicati di natura extra-politica: in primo luogo appunto quello sportivo, e più specificamente quello calcistico. Ad esso, oltreché probabilmente alla qualità della resa sugli schermi televisivi, appartiene anche la scelta del colore azzurro come simbolo del movimento da lui promosso: assai più del tricolore proprio della bandiera italiana, l'azzurro, colore della maglia della nazionale di calcio, è assurto a colore simbolo dell'identità nazionale.

Nel secondo dopoguerra il messaggio politico era ancora intriso di elementi religiosi, messianici, escatologici. Negli anni settanta si era cupamente riavvicinato a quelli militari. Oggi, ciò che assicura una platea di ascoltatori maggioritaria è il parlare della politica in chiave sportiva (entrare in campo, squadra di governo ecc.), dal momento che – come dimostrano le tirature dei quotidiani sportivi – quello degli appassionati di sport, e di calcio in particolare, è il pubblico più largo e trasversale che esista in Italia. Nel caso di Berlusconi l'operazione è stata rinforzata dal fatto che egli è il padrone di una delle più titolate squadre di calcio italiane, per di più con fama di competenza diretta nelle questioni strettamente tecniche come la scelta dei giocatori e il loro impiego tattico in campo. La simbiosi tra i due mondi risulta così compiutamente realizzata nella stessa figura del leader.

L'uso dei codici sportivi ha avuto anche l'effetto da un lato di associare la politica al divertimento, alla sfida ludica, dissociandola da altri modelli obsoleti o ostici ai nuovi pubblici, dall'altro di svelarne, forse involontariamente e inconsapevolmente, una concezione fatale. Una parte della sociologia contemporanea ha interpretato lo sport moderno come l'occasione di battaglie mimetiche capaci di rivitalizzare le pulsioni aggressive grazie a regole minuziose che ne escludono esiti cruenti, e in questo senso vi ha visto una metafora e un modello della moderna politica parlamentare, nella quale la parte vincente agisce entro regole condivise che consentono a quella perdente di sopravvivere e di aspirare a succederle. Berlusconi e i suoi seguaci sembrano invece interpretare il parallelo tra le due sfere in senso opposto, come chiarì uno di loro alla vigilia di diverse prove elettorali, esprimendo il proposito di «non fare prigionieri» in caso di vittoria: il che poteva voler dire che in quella sorta di gioco guerresco che è la politica, avrebbero agito in modo tale da non consentire ai vinti di risollevarsi. Detto in altri termini, si manifesterebbe qui il regresso a una inconscia concezione premoderna e nella sostanza preparlamentare della politica.

La rilevanza del fenomeno berlusconiano è indirettamente dimostrata anche dall'attenzione crescente che esso ha suscitato a livello internazionale, soprattutto in

Europa. Nella storia dell'Italia unita sono pochi i momenti e gli eventi politici che ne hanno raccolto altrettanta, generalmente caratterizzati da forti elementi di novità: in particolare il Risorgimento e l'invenzione della Nazione, che destarono curiosità e ammirazione specialmente in Gran Bretagna, e il fascismo. In entrambi i casi l'attenzione giornalistica si è poi prolungata in attenzione storiografica, come dimostra l'importante contributo dato dagli storici britannici allo studio dell'una e dell'altra fase. Per quanto riguarda il fascismo, l'attenzione è giustificata dal fatto che esso fu un'invenzione italiana destinata a essere imitata a livello europeo fino a divenire dominante negli anni trenta. Allo stesso modo il berlusconismo viene interpretato da molti come un'anomalia italiana ma insieme come una tendenza anticipatrice che potrebbe trovare applicazioni anche fuori d'Italia. Osservatori stranieri, soprattutto inglesi (come lo storico Paul Ginsborg) e francesi (come il politologo Marc Lazar), incuriositi e preoccupati per il carattere anomalo dell'esperimento in corso, gli hanno dedicato saggi anche per tentare di spiegarlo ai lettori dei rispettivi paesi e di prevederne l'evoluzione. In Francia il caso dell'attuale presidente Sarkozy viene considerato particolarmente somigliante a quello di Berlusconi, ma con la differenza non da poco derivante da un contesto in cui il senso delle regole e delle istituzioni comuni appare assai più solido. Nel 2002 un gruppo di storici accademici di grande prestigio, italiani e stranieri, hanno partecipato a un convegno esplicitamente dedicato al significato e ai limiti di una comparazione tra berlusconismo e fascismo, convergendo sulla piena legittimità di tale confronto.

In quest'ottica, il berlusconismo appare non solo come l'esito della crisi politica italiana degli anni novanta del Novecento, ma come un fenomeno che incarna linee di tendenza più generali. Lo si potrebbe definire la manifestazione per ora più compiuta della politica nell'era post-moderna, nella quale sono tramontati i grandi sistemi ideologici. Venute meno queste opzioni generali che le assicuravano un ancoraggio etico e progettuale, e contemporaneamente essendosi polverizzato il panorama sociale, la politica tende a confondersi completamente col sistema del marketing: si presenta come un prodotto interamente affidato alle tecniche promozionali. L'importanza assunta nell'età berlusconiana dal monitoraggio dell'opinione pubblica con tecniche inaugurate negli anni trenta del secolo scorso nell'ambito del mercato e dall'uso di forme di comunicazione tipiche della pubblicità commerciale, è un segnale in questa direzione. Sembrerebbe inoltre che la contiguità tra pubblicità commerciale e offerta politica abbia esteso a quest'ultima i caratteri della prima: a cominciare dalla disponibilità del pubblico a prestar fede alle promesse anche quando esse non sono letteralmente credibili, con una sorta di sospensione consapevole del naturale scetticismo.

Il primato assoluto del marketing tende tuttavia per sua natura a entrare in conflitto con i principi basilari della democrazia liberale laddove prevedono limiti e bilanciamenti all'esercizio del potere esecutivo. L'idea che vi siano altri poteri che possano interferire o limitare quello derivante dalla preferenza del mercato politico appare inammissibile nell'ottica del berlusconismo e questo prefigura – come vedremo – una democrazia autoritaria, regime i cui precedenti più prossimi potrebbero essere indicati nel populismo di stampo peronista. Si potrebbe parlare anzi di una vocazione intimamente e modernamente totalizzante della politica-mercato: una sorta di «totalitarismo pubblicitario» che Berlusconi avrebbe portato alla luce, non solo nel senso – proprio di tutto il secolo XX – di mescolare il linguaggio politico e quello pubblicitario, ma in quello più profondo di assumere la pubblicità, con il suo impianto asseverativo e autoconfermativo non soggetto alle verifiche di realtà, come forma stessa della politica. La situazione italiana merita dunque attenzione proprio in quanto potrebbe prefigurare una tendenza interna al mondo occidentale nel suo insieme. In questo caso resterebbe comunque da spiegare perché l'Italia abbia fatto da apripista: problema squisitamente storiografico che andrà affrontato a partire da fattori come la tradizionale debolezza del liberalismo quale concezione basilare dello Stato e dei suoi rapporti con la società, o come le particolari caratteristiche assunte dalla crisi politica italiana degli anni novanta per un sommarsi di fattori che solo in Italia erano presenti.

Prodromi

Nella storia, come in natura, ci sono sì delle discontinuità, ma non dei salti ovvero dei vuoti. Potremmo dire con una formula che nulla si crea e nulla si distrugge. Anche quando un'epoca si chiude in modo rapido e violento, ben difficilmente non ne resta qualche traccia in quella che segue. Anche quando un'epoca ha dei tratti di marcata novità, ben difficilmente non se ne possono trovare preannunci o elementi di incubazione in quella precedente. Il caso dell'Italia berlusconiana non si discosta da questa regola. Le sue radici affondano nel decennio precedente, quando avevano cominciato a prendere forma fenomeni socio-economici, culturali e politici che ne costituiranno l'essenza.

L'Italia era uscita provata e impaurita dagli «anni di piombo», che avevano punteggiato di violenza e di morte il suo percorso in seguito agli attentati terroristici, alle stragi e agli assassinii perpetrati dalle formazioni armate, culminati in quello più drammatico e spettacolare di tutti: l'uccisione di uno dei massimi dirigenti democristiani, l'onorevole Aldo Moro, avvenuta nel 1978. Le grandi opzioni rivoluzionarie erano degenerate ed erano state sconfitte. Le grandi ideologie e le utopie apparivano logore. L'Italia, che da poco aveva abbandonato le sue radici rurali per diventare paese industriale moderno, conosceva una nuova, radicale trasformazione che dava al settore terziario il ruolo preminente nell'economia, passando così in due decenni da paese agricolo a paese post-industriale. I soggetti storici dell'azione collettiva, a cominciare dalla classe operaia, che aveva dato la sua impronta a un'intera epoca, subivano una lenta erosione con il passaggio, di cui si vedevano ormai nette le avvisaglie, dalla grande fabbrica fordista all'economia decentrata e delocalizzata, delle piccole imprese, del lavoro precario, con l'emergere dei «colletti bianchi» e del lavoro autonomo. Le antiche certezze e identità cominciavano a sfumare. Serpeggiava una propensione all'individualismo che non aveva precedenti nella società italiana.

A tutto questo si aggiunga l'effetto di una seconda rivoluzione televisiva iniziata alla metà degli anni settanta, dopo quella determinata dall'avvento del nuovo mezzo alla metà dei cinquanta: parliamo della nascita della televisione privata, commerciale e a colori. Tutte e tre queste caratteristiche erano destinate a cambiare il volto del paese e la vita degli italiani, tant'è che uno storico ha definito il periodo tra il 1975 e il 1995, primo anno del berlusconismo politico vincente, «un ventennio a colori» precisamente in relazione alla trasformazione subita dal sistema televisivo. Fino a quel momento la televisione era vissuta sotto il controllo dello Stato, interpretando gli intenti pedagogici, i codici ideologici e le preoccupazioni moralistiche della classe dirigente democristiana. Aveva diffuso un messaggio improntato alla sobrietà, al decoro, ai divertimenti istruttivi, al paternalismo e al culto dell'intimità familiare, con concessioni molto contenute alla pubblicità, confinata negli spazi ben delimitati di un siparietto serale, e la più decisa interdizione di ciò che aveva a che fare con la sfera del sesso. La trasformazione della tv in un'impresa commerciale, che cercava di soddisfare i bisogni e i desideri di un largo pubblico basandosi sugli introiti derivanti dalla pubblicità, costituì un'autentica rivoluzione. La pubblicità stessa cominciò ad avere un ruolo preminente, debordando largamente dai limiti in cui era stata confinata e invadendo gli spazi della programmazione ordinaria, così da entrare in una forma di simbiosi con l'intrattenimento e l'informazione.

Grande fabbrica di sogni, la televisione cominciò a suggerire l'interscambiabilità tra reale e virtuale facendola penetrare, assai più di quanto non avesse potuto fare il cinematografo, negli interni domestici e nella vita quotidiana. L'esperienza psicologica del cinematografo è infatti storicamente caratterizzata dal distacco netto tra due dimensioni temporali, quella della vita e quella dell'immaginario, che si manifesta nel senso di riemersione quando si esce dal buio della sala dopo lo spettacolo, mentre quella del nuovo elettrodomestico è segnata dalla commistione fino all'annullamento della differenza nell'unica dimensione del vissuto quotidiano. Il bisogno di far crescere i consumi e quindi gli ascolti spinse a diversificare i programmi, ad accrescerne le suggestioni, a dilatare i tempi dell'emittenza fino a renderla ininterrotta e totale: la «conquista della notte» da parte della tv fu un segno di cambiamento radicale nel costume degli italiani. Le concessioni sempre più spinte alle seduzioni della sessualità travolsero i codici della morale tradizionale, naturalmente senza alterarne, anzi esaltandone, l'ottica maschilista. Inutile dire che, per effetto di imitazione e di concorrenza, tale metamorfosi investì rapidamente anche la tv pubblica.

L'avvento del colore, di un colore addirittura iperrealista, fu un altro simbolo e strumento di questa trasformazione antropologica: era una promessa di possesso integrale del mondo a portata di mano. Il mondo intero, vero e colorato, poteva entrare tutto, dalla mattina alla notte, nelle case degli italiani. Se il bianco e nero era il simbolo dell'Italia democristiana e bigotta, dai costumi castigati, il colore era l'annuncio di un mondo più libero, divertente e edonista in cui la felicità era a portata di mano e il successo era la sua misura. Silvio Berlusconi, divenuto ben presto con le sue imprese uno dei protagonisti della nuova televisione, fu tra gli attori di questa trasformazione. Non a caso, nei messaggi pubblicitari lanciati dalle sue emittenti al momento del suo ingresso sulla scena della politica, adotterà il bianco e nero per parlare degli altri, il colore per parlare di se stesso e del suo nuovo progetto. A differenza di Mussolini, che aveva cercato di formare l'Italiano nuovo dopo la presa del potere, Berlusconi aveva già contribuito a crearlo prima che il potere venisse nelle sue mani.

Ma negli anni ottanta il suo momento non era ancora venuto. Allora cominciò a emergere la figura di un altro protagonista, destinato a diventare suo amico e in un certo senso suo complice, un politico dinamico e autorevole che sembrò capace di imprimere una svolta alla vita italiana rompendo le configurazioni statiche che essa aveva mantenuto nel dopoguerra e uscendo definitivamente dall'epoca convulsa appena lasciata alle spalle. Era Bettino Craxi, socialista, uomo dodato di notevole piglio decisionale e di un'oratoria molto efficace, fatta di frasi lapidarie e di pause studiate. Il progetto di Craxi era quello di far crescere la forza socialista accentuandone il ruolo alternativo ai due maggiori protagonisti della vita politica post-bellica, contendendo alla Democrazia cristiana la sua egemonia e contemporaneamente ridimensionando la presenza comunista. La concorrenza con la Dc e la dura polemica col Pci erano i capisaldi di questa scelta, grazie alla quale sperava di ottenere la fine della subalternità storica che aveva caratterizzato il Partito socialista – a dispetto della sua grande e nobile tradizione – nei confronti dei due maggiori avversari.

Per metterla in pratica Craxi pensò che fosse necessario combinare il massimo controllo possibile delle leve del potere con il dispiegamento del massimo possibile di risorse propagandistiche e simboliche, a cominciare dal recupero di antichi emblemi della tradizione socialista riformista, desueta ma non dimenticata, come il garofano rosso, nonché dal rispolvero di un'iconografia garibaldina da lui prediletta anche come collezionista, di cui ben conosceva il potenziale trasformista e quindi l'illimitata ubiquità. Sfruttando abilmente la posizione di ago della bilancia tra le due forze maggiori riuscì a conquistare la guida del governo, divenendo così il primo presidente del Consiglio socialista della storia italiana (1983-87). Gli atteggiamenti energici, la capacità mostrata almeno in un'occasione di rintuzzare l'abitudine statunitense a trattare l'Italia come territorio a sovranità limitata, la trattativa aperta da pari a pari con la Chiesa cattolica e sfociata nel rinnovo del Concordato, le aperture modernizzatrici e le concessioni a un senso della vita più libero di quello tipico delle due morali comunista e cattolica, gli attirarono inizialmente molte simpatie. Ne venne alimentata anche l'illusione che grazie al cuneo socialista potesse essere scalfito il controllo soffocante dei partiti classici sulla vita politica e civile. In realtà, una schiera di funzionari ambiziosi si pose sulla sua scia, certi che fosse venuto il loro momento: sotto le insegne e i simboli del più antico tra i partiti italiani, del più legato a una rappresentazione classica delle classi popolari, cominciò a disegnarsi un gruppo dirigente di giovani rampanti, sicuri di sé, smaniosi di successo e disposti a tutto per raggiungerlo. L'invadenza dei partiti non solo non si ridusse, ma divenne più arrogante e famelica che mai.

Ciò non fu sufficiente a portare i socialisti sopra una certa soglia elettorale, a spostare sostanzialmente i rapporti di forza e a modificare perciò in maniera netta il quadro politico com'era nelle aspettative. Nel tentativo di forzare malgrado tutto questa situazione, Craxi finì per dilatare in maniera abnorme l'apparato di organizzazione del consenso, facendo ricorso a una politica spettacolare cui oggi ci siamo abbondantemente assuefatti ma che allora era agli albori. Le scenografie faraoniche delle manifestazioni improntate al culto della personalità, affidate a celebri architetti, l'esibizione di una corte degna di un sovrano a base di «nani e ballerine» (l'espressione fu coniata nel 1991 da un autorevole esponente dello stesso Partito socialista), la promozione di una folta clientela e di un ceto dirigente selezionato in base all'intraprendenza e alla fedeltà al capo: erano altrettante anticipazioni di quel che diverrà pratica politica abituale nell'era berlusconiana, con la differenza sostanziale che Berlusconi sarà in grado di pagare tutto questo di tasca propria, mentre Craxi dovette ricorrere per finanziarsi alla corruzione e all'uso distorto del denaro pubblico, in un crescendo che avrebbe finito per travolgere lui stesso e larga parte del ceto politico in un tonfo fragoroso.

Genesi

Il punto di svolta verso l'età che abbiamo chiamato berlusconiana è facilmente individuabile nel periodo a cavallo tra gli anni ottanta e i novanta. Il fattore primario di svolta è costituito dal cambiamento dello scenario internazionale con il crollo dell'Urss e del sistema comunista, e di conseguenza la fine della guerra fredda, il cui evento simbolico è l'abbattimento del Muro di Berlino (1989). L'evento ebbe tra gli altri l'effetto decisivo di rimuovere gli argini che avevano regolato la vita politica in Italia: in particolare la necessità di uno scudo dell'Occidente, essenzialmente rappresentato dalla Democrazia cristiana, all'interno di un paese in cui era presente il maggiore tra i partiti comunisti di quest'area, per di più primattore della nascita della Repubblica e cofondatore della sua Costituzione. Tutto questo aveva congelato la vita politica, pur soggetta a trasformazioni anche rilevanti, entro binari fissi, con la Dc sempre partito maggioritario e sempre al governo, e il Pci sempre escluso dall'area del governo, anche se dotato di una vasta influenza di fatto nella vita politica. Come vedremo sia la Dc sia il Pci, dominatori incontrastati della vita politica in età repubblicana, pur con ruoli diversi, cesseranno di esistere in questo nuovo quadro.

Il cambiamento dello scenario internazionale non è che la premessa e la pre-condizione per il radicale cambiamento del quadro politico interno. Saltato il tappo della guerra fredda poterono venire pienamente alla luce e svilupparsi tendenze già presenti ma latenti nella politica italiana: ad esempio la grande stanchezza verso il ceto politico tradizionale, i suoi leader, i suoi riti, che apparivano logori e inconcludenti; verso lo Stato, la sua inefficienza, la sua corruzione, il suo fiscalismo, il suo centralismo, la sua pesantezza burocratica; infine verso il sistema dei partiti, pilastro della storia repubblicana, che alla lunga si era rivelato onnivoro e prevaricante. Molti settori della società italiana non si riconoscevano più in un sistema entro il quale erano vissuti e alle cui regole si erano sostanzialmente conformati per tanto tempo. È come se, crollate le quinte della guerra fredda, gli attori che avevano agito sulla scena apparissero improvvisamente superati. Il loro grado di legittimazione risultò drasticamente ridimensionato.

Il primo segnale significativo in questa direzione venne fin dai primi anni ottanta dal sorgere di movimenti che interpretavano gli umori antifiscali, antistatuali e antimeridionalistici di una fetta crescente della società settentrionale, dove si preparavano tra l'altro a riempire il vuoto lasciato aperto nelle zone «bianche» dell'area padana dall'eclissi democristiana: movimenti che attraverso un processo lungo e per niente lineare confluiranno più tardi nella formazione della Lega Nord (1991). Inizialmente essi furono trattati come un fenomeno alieno in quanto agivano con modalità e linguaggi del tutto estranei alla politica tradizionale, ma col tempo si dovette riconoscere la profondità della loro presa sul tessuto sociale e sulle mentalità popolari. Il secondo segnale consistette nel successo di un referendum abrogativo promosso per modificare i meccanismi delle preferenze elettorali nel giugno del 1991: successo significativo, più ancora per gli aspetti tecnici del quesito proposto, per la forte affluenza alle urne che smentì l'atteggiamento tiepido o apertamente ostile delle principali forze politiche.

Un'accelerazione potente a questo processo venne dagli effetti della vicenda giudiziaria nota come Tangentopoli (1992). La scoperta di un caso di corruzione e concussione nel cuore della Milano affluente, accompagnato da un'ampia confessione dell'indagato colto in flagrante, portò in tempi rapidi all'abbagliante evidenza giudiziaria e mediatica un imponente sistema di finanziamento illegale dei partiti, che all'interno del ceto politico e affaristico risultò essere non solo ben noto e quasi universalmente praticato su scala nazionale, ma considerato ormai vitale: i partiti non potevano sostenere le spese dei loro apparati, soddisfare i crescenti appetiti dei loro ambiziosi leader e le aspettative delle loro clientele, se non grazie all'erogazione di somme equamente dosate provenienti dalle aziende pubbliche e private in cambio di appalti e favori; queste ultime a loro volta non potevano sostenere la concorrenza e garantirsi profitti se non comprando in questo modo la benevolenza dei pubblici poteri, degli amministratori e dei capi partito. Il tutto aveva un prezzo, evidentemente scaricato sui contribuenti, in quanto opere e servizi pubblici finivano per avere costi moltiplicati.

Trovandosi di fronte a questa sorta di metastasi i magistrati, e in particolare un pool di pubblici ministeri milanesi poi denominato «Mani Pulite», per nulla intimoriti da un potere la cui autorevolezza stava incrinandosi, al contrario incoraggiati dal sostegno crescente dell'opinione pubblica, procedettero con energia implacabile, forse con qualche forzatura procedurale (alcuni hanno criticato in particolare l'uso estensivo della carcerazione preventiva come mezzo di pressione sugli indagati per indurli alla confessione), fino a colpire i vertici dei partiti, soprattutto – per ovvi motivi – quelli di governo. L'accusa da cui furono poi inseguiti, di avere invaso il campo della politica arrogandosi compiti che non competevano loro, dal momento che quello era ormai divenuto il modello «normale» di funzionamento e di alimentazione del sistema politico, era con tutta evidenza pretestuosa e in buona parte costruita a posteriori da coloro che allora li applaudivano. È vero che essi furono al centro della scena e che le loro iniziative incalzanti ebbero un dirompente effetto politico. Ma ciò accadde perché la magistratura, trascinata dai fatti che veniva scoprendo, finì per avere, indipendentemente dalle sue intenzioni, un ruolo surrogatorio rispetto a un mondo politico che aveva praticato, alimentato o tollerato quel sistema degenerato di relazioni tra politica e affari e che era manifestamente incapace di emendarsi: ruolo inevitabile, anche se per definizione insufficiente, in quanto poteva bensì colpire gli effetti ma non eliminare le cause di quanto era successo.

Lo scandalo ebbe la conseguenza di polverizzare la grande maggioranza delle forze protagoniste della vita politica precedente, già in difetto di rappresentatività, gettando ulteriore discredito sul mondo della politica e spalancando un baratro di sfiducia intorno al sistema dei partiti. Meno colpito fu il Partito comunista, che si era sempre alimentato grazie a una formidabile macchina di volontariato militante oltre che a flussi di finanziamento provenienti dai paesi dell'Est europeo, e che quindi non venne scosso ma solo lambito marginalmente dall'inchiesta. Questo partito si eclissò piuttosto nel tentativo, compiuto tra il 1990 e il 1991, di rinnovare precipitosamente identità e ruolo dopo il crollo fragoroso del sistema comunista internazionale entro il quale – con tutti i dovuti distinguo – si era idealmente collocato. Ma la Dc, il Psi, i partiti minori con funzione satellitare come liberali, socialdemocratici, repubblicani furono duramente colpiti. Fuori dallo scandalo ma ancora emarginato, a causa della perdurante pregiudiziale antifascista propria della storia repubblicana, rimase il partito neo-fascista Movimento sociale italiano, che tentò in questa stessa fase di interrompere la continuità con gli epigoni e i nostalgici del regime e di ricollocarsi nell'ambito di una destra moderna legittimata a governare. In quanto esclusi dal quadro politico tradizionale, gli esponenti del Msi, come per altri aspetti quelli della Lega, furono tra i più accesi sostenitori dell'azione dei magistrati, incitati a procedere con metodi spicci nell'opera di risanamento.

Non è un caso che la vicenda di Tangentopoli abbia assunto il ruolo di evento originario da cui prendono invariabilmente le mosse alcune narrazioni consolidate, dal profilo largamente inventato, dell'ultimo quindicennio. Nel discorso politico corrente tutto comincia là, da quella vicenda traumatica e per certi versi drammatica (in effetti non mancarono casi di suicidi tra gli inquisiti) di cui si sono fissate nella memoria alcune sequenze cariche di emotività talvolta staccate dal contesto: come il lancio di monetine in segno di disprezzo da parte di una folla politicamente composita contro Bettino Craxi, il 30 aprile 1993, all'uscita dell'Hotel Raphaël che da tempo era la sua dimora romana abituale. La gogna subita dal leader, preludio alla sua fuga all'estero per sottrarsi alla giustizia, si è fissata in alcuni seguaci come un'umiliazione bruciante che reclamava un'azione riparatrice. L'ingresso sulla scena politica di Berlusconi avrà ai loro occhi, come vedremo tra poco, il carattere di una possibilità in questo senso, perché capace di chiudere la strada ai «comunisti», considerati i principali profittatori della disgrazia craxiana. In quest'ottica l'azione della magistratura ha progressivamente cambiato segno rispetto a quella che era stata la percezione di massa prevalente nel corso degli eventi, divenendo, da benemerita, fonte di tutti i mali. E le successive iniziative giudiziarie contro Berlusconi sono state viste come frutto di un perverso accanimento, prosecuzione all'infinito di quel peccato originale e iterazione diabolica dell'opera distruttiva allora iniziata.

L'effetto generale della crisi di Tangentopoli fu in realtà ambivalente: se da un lato la critica di massa alla corruzione sembrò veicolare aspettative di una democrazia più trasparente e partecipata, dall'altro alimentò una sfiducia nella politica in quanto tale che rischiava, come poi si vide, di far emergere tendenze sostanzialmente autoritarie con venature qualunquistiche e populistiche.

Il quadro che si presentava alla vigilia delle elezioni del 1994, le prime che si tennero dopo la piena esplosione del terremoto politico appena descritto, era dunque alquanto incerto a causa dell'ampiezza e insieme dell'incompiutezza dei cambiamenti in corso. Soprattutto non era ben chiaro a chi potesse rivolgersi il pur vasto elettorato moderato che aveva fatto capo alla Dc e ai suoi satelliti. Qualcuno sperava, qualcuno viceversa temeva che, liberata dai vincoli della guerra fredda anche se indebolita dal tramonto fragoroso del mito comunista, dal vuoto ideale e dalla crisi di identità che aveva investito la sua compagine principale, la sinistra si apprestasse a conquistare una posizione maggioritaria e a governare per la prima volta il paese in proprio.

Esordio

È a questo punto che si fa avanti Silvio Berlusconi, fino a quel momento noto come imprenditore spregiudicato e di successo nel settore dell'edilizia residenziale e della tv commerciale, nonché come proprietario di una delle squadre di calcio più importanti e idolatrate dai tifosi non solo italiani, il Milan. Le sue mosse sono essenzialmente due.

La prima consiste nella fondazione di un movimento politico denominato Forza Italia, di natura completamente nuova, basato su un modello di gestione aziendalistico e sulle tecniche del marketing, affidato al carisma personale e alle doti comunicative del capo, avvantaggiato da una presenza mediatica già dominante (ossia dal possesso di tre canali televisivi in concessione pubblica, ottenuti anche grazie a speciali favori ed espedienti legislativi ad hoc), in sintonia con gusti e stili di vita di quel grande pubblico che da almeno due decenni le sue televisioni avevano contribuito a plasmare. La rapidità stessa della costruzione del partito/movimento e la sua capacità di imporsi immediatamente sul mercato politico sono frutto della trasposizione nella politica di modelli già ben collaudati nel campo commerciale e dell'esistenza di un supporto aziendale già affermato (l'azienda Mediaset di sua proprietà), usato come intelaiatura.

La seconda consiste nel presentarsi come uomo nuovo e campione dell'antipolitica ma insieme come erede del moderatismo italiano rimasto senza referenti dopo la scomparsa della Dc, e come unificatore del fronte di destra: fronte comprendente i post-fascisti, nei confronti dei quali Berlusconi rimuove la scomunica, giudicata inattuale (il gesto simbolico da lui compiuto in questo senso è quello di accreditare come suo preferito il leader di questa parte, Gianfranco Fini, nella competizione con l'esponente democratico Francesco Rutelli per la carica di sindaco di Roma), e la Lega Nord, della quale promette implicitamente di temperare gli umori plebei più radicali raccogliendone però la spinta antifiscale. Da notare che nella retorica berlusconiana l'inattualità delle vecchie discriminanti ideologiche vale solo per i fascisti, non certo per i comunisti, il cui fantasma continuerà ad agitare come argomento primario delle campagne elettorali, quasi che non fosse crollato il sistema, e anzi che il crollo del sistema avesse per così dire accresciuto il potenziale eversivo e la presenza subdola residuale del comunismo stesso visto come una sorta di categoria metastorica, oggetto di un'intramontabile *damnatio*.

Nelle ricostruzioni della vicenda, talvolta si insiste sulle motivazioni strettamente personali che avrebbero spinto il personaggio – incalzato in quel momento da gravi problemi finanziari e giudiziari e bisognoso di condizionare direttamente la macchina dello Stato per continuare a godere di posizioni di favore per le sue aziende – alla sfida politica. A prescindere dall'attendibilità di tale ricostruzione, che può vantare molti solidi argomenti, si pone qui un problema di natura metodologica valido indipendentemente dal caso in questione. Non bisogna scambiare le intenzioni dei protagonisti con le cause degli eventi. Motivazioni, attitudini, vocazioni e vizi personali degli attori politici sono certamente un fattore che concorre alla spiegazione delle vicende storiche, ma non il principale. Quali che fossero le esigenze di Berlusconi, resta il fatto che esisteva un contesto nel quale il suo intervento poteva avere successo, incontrare consenso, dare risposte a problemi. Ed è dunque questo contesto che rende comprensibile la dinamica delle vicende.

Sull'anticomunismo del leader lombardo, che ricorre continuamente nei suoi discorsi quasi come una formula rituale pressoché priva di contenuto, occorre soffermarsi brevemente. Solo all'apparenza si tratta di argomento inattuale inserito artificialmente nel repertorio propagandistico. In verità esso ha echi piuttosto profondi non solo perché fa riferimento a un'intera epoca della storia mondiale da poco tramontata, ma più specificamente perché riassume stati d'animo sedimentati in un cinquantennio di storia italiana. Nel corso dell'esperienza repubblicana il Partito comunista aveva sostanzialmente conservato la natura di partito «combattente» ereditata dall'epoca della Terza Internazionale, pur contaminandosi pienamente col contesto liberal-democratico nel quale si era inserito e di cui era anzi parte integrante e costitutiva, avendo concorso in maniera determinante alla sua edificazione. A inchiodarlo a questo retroterra, che aveva lasciato profondi sedimenti nella mentalità dei militanti e nella memoria degli antagonisti, erano stati sia la forza dell'*imprinting* sia l'irrigidimento della guerra fredda (e per quanto lo riguardava l'ancoraggio all'Unione Sovietica), che aveva riproposto tutto intero il paradigma amico-nemico ereditato dal periodo interbellico. Di qui la forza e la durata dell'anticomunismo, richiamato ora in forma estremamente stilizzata ed ellittica ma sufficiente per far scattare un riconoscimento. Benché il comunismo non fosse più attuale dopo il crollo del sistema sovietico (pressoché incruento nell'Unione Sovietica, ma illuminato da sinistri bagliori di morte in altri casi, come quello rumeno), si è insomma avuto buon gioco a evocarne il fantasma, attingendo a strati profondi della memoria collettiva. Non altrettanto sono stati capaci di fare gli eredi di quell'esperienza: travolti dal crollo del paradigma di riferimento, non hanno neppure tentato di mantenerne viva nella memoria la parte positiva – nel caso italiano decisamente preponderante – preferendo rifugiarsi in una frettolosa liquidazione e in un sostanziale oblio.

Naturalmente l'anticomunismo perdurante in epoca post-guerra fredda non è una cosa sola, ma attinge a filoni diversi piuttosto riconoscibili, che alimentano in vario modo non solo il più largo elettorato ma soprattutto i professionisti della politica. Al filone moderato di tradizione democristiana si è aggiunto quello di matrice socialista, motivato da un senso di rivalità reso più acuto dalla contiguità e dall'appartenenza a una comune famiglia, all'interno della quale i socialisti avevano sempre avuto una posizione minoritaria e si erano spesso sentiti trattati con sufficienza e diffidenza. Risalente molto indietro nel tempo, questo atteggiamento si era poi consolidato in seguito al fallimento dell'esperienza craxiana, quando i socialisti si erano illusi di poter esercitare un ruolo chiave tra i due colossi democristiano e comunista, sottraendo finalmente a quest'ultimo il ruolo egemone nell'ambito della sinistra. Dell'esito fallimentare di questo tentativo i socialisti più in vista hanno sempre considerato responsabile la magistratura di Tangentopoli, che viceversa a loro dire aveva risparmiato i comunisti. Da ciò hanno tratto motivo per schierarsi recisamente dalla parte della nuova destra berlusconiana, in grado di fermare la marcia verso il potere degli odiati concorrenti. Esemplare in questo senso, per la forza del livore manifestato, la posizione di quadri dirigenti di primo piano nello staff berlusconiano di partito e di governo, come il portavoce Cicchitto e i ministri in carica Sacconi e Brunetta.

Degno di menzione è poi il caso del sacerdote genovese Gianni Baget Bozzo, formatosi sotto la guida di un campione della crociata anticomunista e della resistenza conservatrice della Chiesa al tempo della guerra fredda, il cardinale Giuseppe Siri, arcivescovo di Genova. Baget Bozzo ha fatto dell'anticomunismo la bussola del suo impegno politico, esercitato con passione, senza cercare le autorizzazioni della gerarchia, quasi sotto la spinta di ispirazioni mistiche. Fedele a questa causa, egli ne ha sposato tutte le possibili varianti: dopo essere stato nella Democrazia cristiana esponente dell'ala più ostile all'apertura verso le forze di sinistra, ha appoggiato con convinzione il tentativo craxiano e ha poi aderito a Forza Italia, manifestando fino all'ultimo uno sconfinato entusiasmo e quasi una sorta di infatuazione per il suo leader, in favore del quale ha mobilitato un raffinato armamentario di teologia politica ricca di illuminazioni geniali.

Traiettoria speculare ha seguito un altro protagonista di una certa evidenza, non meno pittoresco e non meno ingombrante, ma dalle doti intellettuali più tortuose: il giornalista Giuliano Ferrara. Muovendo da un punto di partenza opposto (gli ambienti dell'ortodossia comunista frequentati da ragazzo in quanto figlio del segretario personale del leader Palmiro Togliatti), poi ugualmente conquistato dal fascino craxiano forse in funzione liberatoria, ha subìto come un trauma il tramonto dell'astro socialista e ha scelto perciò l'approdo berlusconiano con un misto di foga e di studiata perfidia. In questo ambito si è ritagliato, forse con eccessiva presunzione, il ruolo – a cui lo accredita una corporeità incontinente, insieme agile e goffa – di giullare del principe, consistente nel fornirgli consigli eterodossi e talora irriverenti nell'ambizione di anticiparne e dirigerne le mosse. Tutto ciò in particolare attraverso la direzione di un quotidiano fondato nel 1996, «Il Foglio», di cui è proprietaria effettiva la seconda moglie di Berlusconi, destinata per paradosso della sorte a divenire antagonista di quest'ultimo dopo la rottura coniugale.

C'è infine da ricordare l'anticomunismo della disillusione proprio di alcuni giovani rivoluzionari del Sessantotto passati attraverso le esperienze dell'estremismo extraparlamentare. Frustrati dai loro fallimenti e da quelli di un'intera generazione che aveva sperato di cambiare il mondo, alla ricerca di un capro espiatorio, essi hanno pensato di individuarlo nella sordità del Partito comunista alle istanze di cambiamento radicale, nella sua impermeabilità al nuovo, nella sua incapacità di accogliere le loro aspettative. E hanno perciò trovato spazio nei ranghi del personale politico berlusconiano, specialmente nella categoria degli operatori mediatici. Ciò è avvenuto in più di un caso dopo un passaggio nelle file del Partito socialista, che negli anni ottanta, dopo la bufera delle violenze politiche e l'esasperazione degli estremismi, aveva offerto loro una specie di salvacondotto utilizzandone i talenti appunto in chiave anticomunista.

D'altra parte, non sono stati solo l'anticomunismo o il peso di vecchi conti con il passato a guadagnare a Berlusconi simpatie in un ceto politico e intellettuale già legato a precedenti, spesso lunghe esperienze politiche. Molti erano e sono convinti che egli, con la sua dirompente, primordiale energia di leader e la sua forza comunicativa, sia l'unico capace di modificare davvero le regole del gioco, di modernizzare profondamente il sistema politico italiano, di condurre a compimento la trasformazione apertasi in tumultuosi anni di crisi, e soprattutto di imporre una svolta autenticamente liberista in uno Stato dove si sono agglutinate resistenze burocratiche e conservatrici altrimenti invincibili. In nome di questi risultati attesi, non vanno troppo per il sottile a proposito di illegalità e conflitti di interessi, considerano il suo stile politico – sopra le righe, provocatorio e decisamente improprio per uno statista – come una forza e non come una debolezza, apprezzano come una dote la sua tendenza a decidere d'imperio irridendo la collegialità. In altri termini applicano la formula: il fine giustifica i mezzi.

Ammesso che siano sinceri e non animati da puro opportunismo, evidentemente non si sono resi conto che il rimedio è peggiore del male, ossia che il predominio berlusconiano è destinato non solo a non eliminare antichi difetti e distorsioni della politica italiana, ma a introdurne altri anche peggiori. Fiduciosi che la persona di Berlusconi potesse essere usata a scopi riformatori, hanno rifiutato di comprendere che è invece Berlusconi a usare a fini personali i loro velleitari progetti di ammodernamento. In questo senso hanno compiuto un errore simile a quello di una parte della classe dirigente liberale, compresi alcuni tra i suoi migliori intellettuali come Benedetto Croce, che si era illusa di usare Mussolini e il fascismo per rimediare ai guai dell'Italia, tardando molto a comprendere che era lui a usarla e che avrebbe cacciato l'Italia in guai decisamente peggiori facendole imboccare una strada irreversibile e senza uscita.

Il corpo e l'immagine

Per la ricostruzione della vicenda è utile anche soffermarsi sul tema dell'immagine berlusconiana, che costituisce un fattore rilevante del suo successo politico. Primo leader dell'era virtuale, nella quale quello televisivo è divenuto lo spazio primario della politica, egli ha assegnato alla produzione e alla divulgazione della propria immagine un ruolo centrale, come mai era avvenuto prima nell'Italia repubblicana. La politica berlusconiana dell'immagine si è esplicata in due modi: nella cura del proprio corpo, compreso l'abbigliamento, in modo da farlo corrispondere a un modello accattivante secondo i gusti correnti; e nell'attenzione grandissima posta nel confezionamento e nella trasmissione televisiva dell'immagine stessa. Naturalmente esistono altre forme di circolazione di massa dell'immagine, per esempio quella fotografica, affidata ai rotocalchi e agli opuscoli propagandistici appositamente prodotti in occasione delle elezioni. Ma la televisione, con le sue regole tecniche (la resa dei colori, la riflessione luminosa del sudore e il timbro cromatico delle superfici corporee, le possibilità e i limiti dell'inquadramento fisso), costituisce probabilmente il punto di maggiore preoccupazione nella produzione dell'immagine del leader a scopo di organizzazione del consenso e di espansione del carisma.

Ciò è messo in rilievo da un particolare risalente alla prima apparizione televisiva di Berlusconi alla vigilia delle elezioni, il 26 gennaio del 1994. In quella circostanza egli non si sottopose, come normalmente avviene, a un'intervista, ma produsse in proprio una registrazione preconfezionata con il suo messaggio, che inviò alle redazioni dei vari telegiornali. Eliminò in tal modo dalla sua apparizione e dalla sua prestazione ogni genere di imprevisto sul piano verbale e visivo, a quanto si dice adottando tra l'altro l'espediente tecnico di far velare l'obiettivo della telecamera in modo da conferire alle immagini una particolare morbidezza. Dal canto loro le redazioni dei telegiornali, non solo nei canali di sua proprietà ma anche in quelli della televisione pubblica, anziché utilizzarla come una fonte esterna e quindi citarla criticamente, nella loro maggioranza si limitarono a proporre integralmente la performance così com'era, e (ingannevolmente) come se fosse stata da essi prodotta: il che fa intuire quanto già allora fosse avanzato il processo di allineamento e di ossequio conformista negli ambienti del giornalismo televisivo, nonché quanto elevato fosse il grado di compenetrazione tra il leader e il sistema mediatico.

Nell'operazione di autoproduzione dell'immagine, il capo della destra ha dovuto fare i conti con i parametri estetici propri dell'era televisiva, che ha promosso corpi maschili e femminili particolarmente dotati, e ha visto crescere in maniera straordinaria le pratiche volte a espandere salute, benessere, bellezza (beauty farm, palestre, centri di abbronzatura artificiale, chirurgia estetica). Più in generale, gli ultimi decenni sono stati caratterizzati da una forte promozione del corpo a simbolo di status e di felicità nonché a garanzia di successo, e da un'ostentazione della giovinezza e della prestanza fisica come valori assoluti, il che comporta la svalutazione della vecchiaia e dei suoi segni come disvalori. Da questo punto di vista Berlusconi ha dovuto compensare i propri limiti fisici e anagrafici (è nato nel 1936, quindi ha oggi settantatre anni) con intense opere di ritocco e restauro che per lo più non sono state nascoste, come poteva avvenire nel caso dei dittatori del passato, ma esibite come dimostrazione di consonanza con lo spirito del tempo e come incarnazione tecnologica banalizzata del mito dell'eterna giovinezza.

Pudicamente nascosta è la bassa statura, compensata – benché mai a sufficienza – dall'impiego di scarpe dotate di robusti tacchi, e tuttavia spesso da lui ironicamente evocata (ad esempio quando rifiuta scherzosamente di essere affiancato, nelle fotografie rituali degli incontri ufficiali, da partner troppo alti). Quanto alla calvizie, essa è stata celata per un certo tempo da zelanti servitori mediatici con opportuni ritocchi fotografici, secondo la più classica delle tradizioni di servilismo politico e in conformità con una prassi largamente seguita dai governanti di tutte le latitudini, ma successivamente combattuta con vistosi e plateali trapianti di cui si è data ampia notizia non senza l'improvvisazione di gag da parte sua. Un po' meno divulgati sono stati i veri e propri interventi di chirurgia estetica volti a eliminare le borse intorno agli occhi, forse anche per gli esiti incerti e in verità un poco imperfetti (leggera riduzione dell'apertura palpebrale da un lato). Questa serie di operazioni, sommandosi nel tempo e cercando di arginarne la naturale impronta sul corpo, ha finito per conferire alla sua figura, tanto nella postura come nell'andatura, alcunché di rigido, che il suo tratto energico non solo non riesce più a compensare ma addirittura esaspera. Questo effetto viene in un certo senso moltiplicato dal fatto che egli appare quasi sempre circondato dalle massicce, anonime figure vestite di scuro delle guardie del corpo, i cui volti e corpi sono anch'essi caratterizzati da fissità a causa della tensione nella vigilanza: il che dà a tutto il gruppo, colto in brevi sequenze di movimento simultaneo, l'apparenza di una squadra di automi.

Di un qualche interesse è infine l'analisi dell'espressione del volto così come si è venuta elaborando nel tempo, e che possiamo facilmente esaminare nelle immagini fisse, anche se trova pieno riscontro in quelle mobili. Esempio pressoché unico nella storia dei volti carismatici e della loro iconografia, Berlusconi ha adottato come modello espressivo il sorriso a mezza bocca, appena più pronunciato di quello della Gioconda, che costituisce un sottile quanto ambiguo ammiccamento nel senso che dice e non dice, evoca complicità e vicinanza ma è insieme del tutto sfuggente e impercettibilmente osceno. Potremmo spingerci a dire che questo sorriso compiacente al punto da rasentare l'adescamento è il suo capolavoro comunicativo, perché suggerisce una sintesi particolarmente efficace ancorché subliminale del suo messaggio. A differenza dei modelli classici della comunicazione politica novecentesca (a cominciare dal Lord Kitchener del manifesto di arruolamento britannico del 1914, evocato da George Orwell in *1984*), il suo volto non comanda e non spaventa, non scruta e non offre protezione, ma si insinua con discrezione e invita a imitarlo facendo, come lui, i propri comodi.

Successo

Ma torniamo alla svolta del 1994. L'operazione compiuta da Berlusconi ebbe successo. Egli vinse quelle elezioni con una campagna fortemente marcata dalla promessa di riduzione drastica del carico fiscale e, nonostante le sconfitte subite in due elezioni seguenti (1996 e 2006), in altre due tornò a vincere (2001 e 2008), vedendo via via crescere il suo potere e la sua influenza. Presentatosi inizialmente come outsider della politica, si è insediato stabilmente al centro della scena come protagonista. Il fronte da lui saldato, quantunque assai variegato per base sociale e per posizioni politiche, è riuscito a reggere molto meglio di quello dei suoi avversari.

Le ragioni di questo successo non incontrastato ma durevole sono diverse. Berlusconi ha saputo interpretare meglio, con più spregiudicatezza e maggior tasso di innovazione nelle tecniche della politica, la crisi degli equilibri precedenti determinata dalle vicende dei primi anni novanta che abbiamo sommariamente richiamato, riempiendo il vuoto che si era aperto. Inoltre il suo schieramento, nella somma talora antinomica delle diverse componenti tenute assieme dalla potenza economica e mediatica del leader nonché dalla sua personalità esuberante, ha avuto la capacità di incoraggiare, interpretare e dare uno sbocco agli umori serpeggianti nella società italiana all'uscita del decennio ottanta: una sorta di rivolta dei ceti medi (divenuti nel frattempo maggioritari), fatta di antifiscalismo, di modelli di vita edonistici, di antipolitica, di fastidio per le regole, conditi da un anticomunismo archetipico postumo a forte timbro vendicativo.

Le promesse di detassazione e di benessere per tutti (uno slogan tipico, che sembrerebbe tratto dal «Corriere dei piccoli»: «un milione di nuovi posti di lavoro!»), gli ammiccamenti consumistici, l'offerta ossessiva di modelli giovanilistici, la retorica della felicità a portata di mano ma ostacolata da inutili vincoli statalisti e moralistici, l'autorizzazione alla volgarità come rifiuto dell'ipocrisia e delle pedanterie intellettuali, sono tutti elementi, tendenti a compiacere tali aspettative, che hanno avuto successo. L'esposizione in pubblico della propria intimità, elemento portante dell'autopromozione del leader, è venuta incontro a una tendenza prorompente del costume, perfettamente rispecchiata e promossa dai reality show televisivi, all'esibizionismo sfrenato e alla caduta del senso della privacy: tendenza di cui è facile fare esperienza negli autobus, nei treni e nelle vie al tempo dei telefoni cellulari, grazie ai quali molte persone si lasciano andare a litigi in pubblico a voce alta, o al racconto di particolari della propria vita privata, come se nessuno li ascoltasse. Usando le categorie elaborate da un filosofo francese in un libro recente, potremmo definire tale tendenza come l'espressione di una società pornografica di massa, dove pornografia significa esibizione e messa in scena di ciò che normalmente non si espone in pubblico.

Assai più che non un modello di politica economica, il conclamato liberismo dello schieramento di centrodestra è stato soprattutto un riassunto di tutto questo: la proposta di un modello di vita da raggiungere, da imitare o almeno da desiderare. L'accezione in cui il termine «libertà» è entrato come parola chiave delle successive denominazioni del movimento guidato dall'imprenditore lombardo, ha questa chiara connotazione di esaltazione del diritto a fare i propri comodi e a liberare la propria libido senza limiti di sorta, come suggerito con straordinaria perspicuità e non meno straordinario effetto comico da uno sketch in cui l'attore satirico Corrado Guzzanti piscia su un divano. Tale motivo si è peraltro intrecciato, incongruamente ma efficacemente – secondo le norme più classiche della pubblicità che non esige verosimiglianza né coerenza –, con la riproposizione formale di un'etica familistica e perbenista di stampo cattolico molto adatta ad accontentare gli orientamenti della Chiesa e dell'elettorato moderato di provenienza democristiana. Un ingrediente non trascurabile di quest'ultima proposta è consistito nelle frequenti, affettuose allusioni del leader alla propria madre come destinataria delle sue premure e ispiratrice del suo operare. Questa cornice ha inoltre favorito l'appoggio del movimento di Comunione e Liberazione, una robusta organizzazione cattolica di orientamento integralista, dotata di ampio consenso giovanile, ramificata – anche in termini imprenditoriali – nel settore dell'assistenza, dell'educazione e dei servizi sociali, e perciò molto influente dal punto di vista elettorale.

Dal variegato fronte berlusconiano (in modo particolarmente agguerrito dalla Lega Nord) è venuta infine una risposta, per quanto illusoria e fatta più che altro di gesti simbolici, al più grande cambiamento sociale in atto su scala planetaria, la globalizzazione, alle crisi di identità e alle paure che essa scatena soprattutto di fronte ai crescenti flussi migratori. In sintesi, di fronte a una società in cui stavano affievolendosi gli elementi di solidarismo, la proposta del centrodestra era incentrata invece sull'esaltazione iperbolica dell'egoismo, inteso sia in senso positivo (promessa di felicità) sia in senso negativo (odio nei confronti dei diversi e protezione dalla paura). Sotto questo profilo esiste qualche affinità con il movimento dell'Uomo Qualunque, naturalmente in un contesto del tutto diverso rispetto a quello dell'immediato dopoguerra, ossia in una società assai più ricca e orientata ai consumi, più aggressiva e sfrontata, non mossa da un sentimento difensivo ma da spirito di rivalsa e di conquista. Anche l'Uomo Qualunque interpretava il sentimento antipolitico e anti-ideologico di chi chiedeva di essere lasciato in pace, libero di godersi le minime comodità quotidiane senza fastidiose intrusioni di regole e obblighi sociali. Ma il precedente più prossimo e diretto risale piuttosto, come si è visto, all'età immediatamente anteriore, ossia all'età craxiana, quegli anni ottanta che avevano segnato il declino dei valori collettivi e il primato dell'egoismo sociale anche come contraccolpo alla stagione delle utopie e a quella tetra e sanguinosa dei terrorismi.

Leghismo: il carnevale xenofobo

Malgrado la novità costituita da Forza Italia come forza politica creata per così dire a tavolino, il fenomeno più interessante nello schieramento di centrodestra emerso negli anni novanta e ora al potere è la Lega Nord. La Lega è stata la formazione che ha colto con maggiore anticipo gli umori della rivolta popolare antipartitica e antistatuale, che li ha interpretati con maggiore radicalità fino a farli sfociare in obiettivi separatisti, che ha dato loro una forma non solo inedita ma priva apparentemente di modelli precedenti, a differenza di quella berlusconiana che era invece chiaramente mutuata dal modello pubblicitario e televisivo.

Il leghismo è comparso sulla scena politica fin dai primi anni ottanta, ma in realtà le sue radici affondano più lontano nel tempo, riprendendo e rivitalizzando filoni presenti in profondità nella società padana. Secondo alcuni si può risalire, per comprenderne l'ispirazione portante, alle insorgenze antigiacobine del triennio napoleonico di fine Settecento, ostili alla borghesia urbana liberale in nome della difesa della comunità rurale tradizionale, che esibirono in molti casi (per esempio a Bergamo) come insegne il simbolo di San Marco, rappresentante il potere costituito, e il crocifisso: il sentimento della tradizione e la difesa dalla minaccia di instaurazione dall'esterno di un nuovo ordine ne erano il fulcro. Un sentimento antistatuale, di chiusura e autodifesa, interpretato dal mondo cattolico, serpeggiò nelle comunità rurali padane anche nel corso della formazione dello Stato unitario, nell'età liberale e poi nei movimenti autonomistici nati ai margini della Democrazia cristiana negli anni cinquanta, antecedente più prossimo dell'autonomismo e dell'indipendentismo leghista.

Attingendo, in maniera forse inconsapevole ma con un formidabile istinto politico, a questi filoni la Lega Nord ha costruito il suo discorso inserendosi con successo nella crisi degli anni novanta, mostrando subito la tendenza a interpretarlo nelle tinte forti, truculente del linguaggio plebeo e la capacità di colpire l'immaginario popolare. Lo dimostra ad esempio la vistosa esibizione di un cappio da parte di un deputato leghista alla Camera durante la discussione del 1993 sulla questione della corruzione, esibizione che indicava chiaramente una propensione per le vie di fatto, evocando le esecuzioni capitali di antico regime e forse, ancor più indietro, le manifestazioni di una giustizia sommaria prestatuale. Altri sintomi significativi della tendenza a inserirsi nel solco di un popolarismo premoderno e predemocratico si erano già manifestati e si manifestarono in seguito, ma era quella la prima volta che il nuovo linguaggio entrava così chiaramente nell'iconografia del dibattito parlamentare.

Per esercitare a fondo questo suo ruolo vincendo l'ostracismo iniziale del sistema mediatico e la concorrenza delle altre forze politiche, amiche e avversarie, che vi erano ammesse, ma anche rispondendo a questa sua vocazione, la Lega ha adottato una forma di comunicazione molto vicina a quella carnevalesca, al teatro popolare o meglio ancora al teatro dei burattini, con le sue sceneggiate semplici ed emozionanti, le sue configurazioni antinomiche, le deformazioni e le iperboli, le volgarità, le allusioni al basso e al corporeo, destinate a colpire la fantasia e insieme a richiamare l'attenzione dei media altrimenti distratti o ostili. Il comportamento dei suoi capi più in vista è stato improntato a questo metodo e ha attinto deliberatamente a questo registro, alla satira e alla caricatura, alle buffonate, alle dichiarazioni estreme, ai gesti plateali, soddisfacendo i gusti dei propri seguaci e imponendosi all'attenzione del pubblico più vasto. In altri termini, come ha spiegato l'antropologa francese di origine italiana Lynda Dematteo, che ha studiato da vicino il fenomeno, la Lega ha introdotto l'idiotismo in politica, riesumando la maschera dello sciocco autorizzato a dire verità altrimenti indicibili ma anche a segnare la rivincita dell'umile sull'arrogante.

Persino nell'aspetto, alcuni dei dirigenti leghisti sembrano evocare il mondo delle maschere popolari: il rubizzo Calderoli, che spalanca gli occhi ed esibisce una specie di sorriso fisso stereotipato qualunque cosa affermi, amena o grave, l'astuto Castelli, vestito impeccabilmente ma con un ghigno sempre stampato sul volto, il ribelle Maroni, con l'aria dello scolaro in vena di marachelle, che si fregia con intento caricaturale di un paio di occhiali dalla montatura enorme, l'angelico Cota, abituato a enunciare con aria serafica i propositi più spietati, il torvo Borghezio, uso a sferrare fendenti contro un nemico immaginario nella veste del feroce Saladino. Per non parlare del capo supremo Bossi il quale, superata coraggiosamente una grave infermità, ha mantenuto l'aspetto arruffato e l'eloquio rude che gli hanno assicurato da sempre la popolarità.

Una specie di spirito carnevalesco e intenti apertamente parodistici animano le manifestazioni leghiste: le sagre paesane, le rievocazioni in costume del passato comunale, i giuramenti, le celebrazioni paganeggianti del dio Po (il fiume), i matrimoni dei dirigenti celebrati secondo inesistenti riti celtici (sconosciuti agli stessi promotori). Far parlare di sé, corroborare con spettacoli divertenti e robuste bevute l'euforia e il senso di appartenenza dei militanti, rimarcare la propria diversità e segnare il proprio controllo sul territorio è lo scopo di queste forme espressive. L'uso di ritualità neopaganeggianti frettolosamente assemblate e l'atteggiamento sprezzante verso le gerarchie della Chiesa cattolica, accusate di atteggiamenti troppo caritatevoli verso gli stranieri, non sono d'altra parte in contraddizione con la mobilitazione in difesa delle tradizioni e dei simboli cristiani, a cominciare dal crocifisso, di cui nel dicembre del 2009 una sentenza della corte europea dei diritti ha sollecitato la rimozione dalle aule scolastiche italiane in rispetto del principio di laicità, sollevando le scomposte reazioni dei leghisti. Il crocifisso appare alla stregua di un accessorio della religione di identificazione territoriale e di coesione comunitaria agitato contro la minaccia rappresentata dagli stranieri e in particolare contro gli islamici. Nello stesso senso i leghisti hanno proposto di trasportarlo nel campo bianco della bandiera italiana (dove un tempo era ospitato lo stemma dei Savoia, applicato nel 1848 sull'originario tricolore giacobino), da essi contestata come simbolo dello Stato accentratore, evidentemente allo scopo di inquinare con riferimenti sanfedisti e islamofobi il simbolo dell'unità nazionale liberal-democratica, descritto come tale nella Costituzione.

Il fatto è che il crescendo degli spropositi e delle violenze verbali e simboliche, in un gioco al rialzo implicito nella logica del meccanismo appena illustrato, si è esercitato soprattutto in direzione di quello che è divenuto col tempo il cavallo di battaglia della politica leghista, parallelamente al crescere del numero degli immigrati presenti nel paese: quello xenofobo, eufemisticamente qualificato e mistificato come politica della sicurezza. Anche il rifiuto del diverso, di chi viene da fuori, può essere considerato come una componente classica della coesione comunitaria in contesti premoderni di tipo rurale, dove le variazioni di antiche consuetudini vengono vissute come minacce alla sopravvivenza in quanto possono mettere in discussione equilibri sempre a rischio. A questa paura, riproposta e amplificata in un contesto post-moderno come quello della globalizzazione, la Lega ha offerto il supporto di un atteggiamento carico di violenza e di aggressività che è sembrato accreditarla come unico, autentico difensore dell'integrità e della sicurezza.

Tutto ciò è diventato politica di governo, specialmente da quando Roberto Maroni ha assunto il ministero dell'Interno al quale è interamente affidata la politica migratoria, rispecchiando la tendenza che era stata propria dell'Italia ottocentesca – ma allora nei confronti degli italiani poveri che espatriavano – a trattare il fenomeno esclusivamente in termini di ordine pubblico. Basti pensare a quei provvedimenti che implicano la negazione di diritti universali dell'uomo, come la cura delle malattie e l'asilo per i rifugiati: il primo, contraddetto da un provvedimento che consente al medico di denunciare un paziente straniero privo di documenti di soggiorno rivoltosi a lui per essere curato, con l'effetto di scoraggiare gli stranieri non in regola dal ricorrere alla sanità pubblica; l'altro, dalla decisione di esercitare un'indiscriminata azione di contrasto verso imbarcazioni cariche di migranti in avvicinamento al territorio nazionale e dal riaccompagnamento forzato dei passeggeri sulla sponda africana, senza neppure aver provveduto all'identificazione dei chiedenti asilo (una percentuale fissa dei migranti) o dei casi di emergenza (malati, bambini e donne incinte). Per farla breve, con la politica leghista, approvata o tollerata dagli alleati di governo, sono venute meno insieme l'umanità e la decenza.

Partiti e movimenti a ispirazione xenofoba sono presenti in tutta Europa ma l'Italia berlusconiana è l'unica tra le maggiori democrazie occidentali nella quale un partito del genere sia oggi al governo, conti su ministri di peso e abbia un'influenza tanto importante sull'indirizzo generale dell'esecutivo. Anzi, nella fase critica dell'egemonia berlusconiana apertasi nella seconda metà del 2009, quando la sua leadership è stata apertamente contestata dal presidente della Camera Fini, cofondatore insieme a lui del partito detto Popolo della Libertà, il peso della Lega per gli equilibri del governo è ancora cresciuto fino a divenire determinante. Nelle elezioni europee del 2009 ha raggiunto il 10 per cento dei voti e i suoi elettori rappresentano ormai un quarto di tutti quelli della destra, oltre il 40 per cento nelle regioni settentrionali. Soprattutto, in tutti i momenti cruciali di difficoltà della leadership berlusconiana la Lega ha offerto al capo l'appoggio decisivo.

Immemori di cosa abbia significato nella moderna storia europea la mobilitazione contro un nemico identificato su basi etniche o religiose come la causa dei propri mali, molti responsabili della politica europea e italiana, nonché molti commentatori che pretendono di essere equilibrati e neutrali, hanno finito per accettare questa come una realtà forse sgradevole ma non poi così grave e pericolosa, minimizzando un arretramento abissale dello spirito civile che cancella la lezione più importante della storia del Novecento.

Avversari

Va da sé che la forza di Berlusconi è anche la debolezza dei suoi avversari. Il messaggio berlusconiano ha avuto successo anche perché lo schieramento opposto è stato generalmente incapace di contrapporgli un'alternativa chiara e credibile, è stato spesso diviso e incerto, ha subito l'iniziativa degli avversari, e a causa di tutto questo è andato incontro a una sconfitta di portata storica. In fondo il messaggio berlusconiano è basato su una visione del mondo, povera e banale finché si vuole, ma insieme forte e compatta; quello dei suoi avversari ne è stato del tutto privo: essi sono parsi spesso balbettare, orfani di un pensiero forte del mondo, incapaci di comprendere le potenti trasformazioni in corso e di offrire un grande progetto in cui credere, tranne forse quello della partecipazione alla nuova fase dell'unità europea caratterizzata dall'adozione di una moneta unica (l'euro): progetto degno e importante ma troppo lontano dal sentire dell'«uomo medio», troppo privo di suggestioni e infine, per colmo di sfortuna, tale da avere come impatto immediato – una volta realizzato – un contraccolpo di crescita dei prezzi su cui il fronte berlusconiano ha avuto buon gioco a speculare. In sintonia con il «sentire comune» del tempo, le promesse da «venditore di tappeti», da piazzista della felicità a buon mercato (anche perché virtuale), di Berlusconi, sono apparse al confronto assai più convincenti.

Le ragioni di tale debolezza non sono facili da spiegare. Generalmente nelle crisi politiche di sistema chi appare più legato al vecchio mondo andato in frantumi ha più difficoltà a raccogliere consenso. Così accadde nell'Italia del primo dopoguerra, quando la maggioranza delle forze politiche (in particolare i socialisti e gli esponenti della tradizionale classe dirigente liberale) sembrarono comparse rispetto al nuovo attore che si muoveva sulla scena, il fascismo, per la verità non di rado recuperando e riproponendo anche uomini già passati attraverso esperienze precedenti. E così in parte è accaduto nella crisi degli anni novanta, quando almeno due delle tre forze che componevano il fronte di destra (Forza Italia e Lega Nord) non esistevano nell'epoca precedente. Negli esponenti del ceto politico tradizionale che si opponeva a Berlusconi c'è stato forse all'inizio un errore di sottovalutazione: si pensava che il personaggio, non smaliziato nelle arti della politica, potesse avere un successo dovuto alla sorpresa ma alla lunga avrebbe pagato la sua inesperienza; qualcuno era convinto anche che, alla prima sconfitta, il collante che teneva assieme la nuova forza politica, da lui creata in maniera decisamente artificiale, si sarebbe dissolto. Tutte previsioni che sono state smentite.

Tra la sottovalutazione delle capacità manovriere di Berlusconi e la sopravvalutazione delle proprie si è mosso uno dei più coerenti eredi del pensiero comunista italiano, Massimo D'Alema, il cui difetto principale molti indicano nella sconfinata presunzione. Riproponendo su scala più modesta un atteggiamento che era stato del grande Togliatti nel momento chiave del passaggio dal fascismo alla Repubblica, ispirato da una lettura scettica della realtà italiana e da una esasperata concezione dirigistica della politica, D'Alema ha adottato una tattica di transazione nei confronti dell'avversario, con l'illusione di spuntarne le ambizioni e di irretirlo nel normale gioco politico. Gli ha perciò offerto un'apertura di dialogo e di credito, attraverso una speciale commissione per le riforme istituzionali, la cosiddetta Bicamerale. L'esito dell'operazione è stato però fallimentare: ha dato a Berlusconi un'occasione insperata di recupero della propria credibilità in un momento di difficoltà che sembrava destinato a ridimensionarne il ruolo, e ha presentato una lampante prova di debolezza della vecchia politica rispetto ai nuovi caratteri dello scontro.

Di fronte alla sconfitta subita, una parte delle forze politiche legate alla tradizione della sinistra ha pensato che il problema principale fosse quello di recuperare la propria identità e i propri referenti sociali, anziché attrezzarsi adeguatamente a comprendere e a fronteggiare i cambiamenti profondi che avevano investito la società: in particolare la riduzione significativa del peso della classe operaia classica e la crescita di un ceto medio pulviscolare e fluido fatto di piccoli imprenditori e di lavoratori precari. L'allentamento di legami sociali compatti aveva frantumato almeno in parte le classi (dotate di codici ideologici e di comportamento relativamente stabili) trasformandole in un pubblico esposto alla persuasione del sistema mediatico e comunque non raggiungibile attraverso la riproposizione di simbologie e di linguaggi politici piuttosto logori. Un'altra parte ha ritenuto al contrario che il crollo del sistema storico di riferimento (il mondo comunista) imponesse un frettoloso abbandono delle proprie tradizioni e una sorta di rimozione in blocco anche di quanto di importante e degno vi era nella propria storia, per abbracciare temi e parole d'ordine appartenenti al campo altrui: di tal genere è stata l'enfasi sul liberismo, che doveva forse far dimenticare l'archetipo delle economie pianificate di staliniana memoria, ma che è emersa proprio nel momento in cui si stavano palesando, anche in seguito ai potenti processi di globalizzazione, le vistose contraddizioni e le conseguenze devastanti di un'economia senza regole.

Ugualmente disorientato è apparso il campo delle forze politiche che avevano alle loro spalle l'esperienza democristiana e facevano riferimento al mondo cattolico. Una parte di questo si è schierata decisamente con Berlusconi, nella convinzione che fosse l'unica carta rimasta per impedire che il moderatismo cui si era sempre ispirata venisse sbaragliato. Un'altra ha cercato con fatica di far riemergere la tradizione cattolico-democratica e di utilizzarla per irrobustire lo schieramento contrario al nuovo populismo. Da questo ambito è emersa la figura di un leader che è sembrato in grado di contrastare l'impetuosa avanzata delle nuove destre, Romano Prodi. Prodi è un uomo politico democristiano che si è formato negli ambienti del management dell'industria di Stato e in quei settori del cattolicesimo emiliano raccolto attorno alla casa editrice il Mulino, orientati al dialogo con le forze di sinistra. Ha costituito dunque un *trait d'union* tra le due principali componenti dello schieramento avverso a Berlusconi, quella cattolica e quella ex comunista, che hanno infine dato vita a un partito unico denominato Partito democratico (2008).

La sua leadership si è affidata a mezzi e messaggi del tutto diversi da quelli di Berlusconi ed è parsa per un certo tempo capace di arginarne il dilagare. A cominciare dall'aspetto fisico, non si potrebbe pensare nulla di più antitetico al suo avversario. La sua corporatura è piuttosto goffa e il suo volto tondeggiante, tra il burbero e il bonaccione, per nulla suadente anzi piuttosto inespressivo, gli è costato, da parte di avversari inclini ai toni sguaiati, il soprannome di «mortadella», anche con allusione al contesto regionale del tipico salume. La sua retorica politica e il suo armamentario simbolico rimandano alla pazienza e alla costanza piuttosto che al dinamismo, tant'è che egli si lascia frequentemente riprendere in tenuta da ciclista. La sua capacità di mediazione e di ricerca dell'equilibrio hanno a loro volta ispirato al comico Corrado Guzzanti il paragone tra lui e un semaforo, teso a regolare intense correnti di traffico mantenendo il più assoluto immobilismo. E quanto più Berlusconi ha esibito e messo in scena con grande enfasi e in maniere teatrali la vita privata e i legami familiari come elementi centrali del suo messaggio politico, tanto più Prodi ha posto una cortina di riservatezza su tutti questi aspetti, ostentando semplicità di costumi e atteggiamenti dimessi, con qualche sporadica apparizione in compagnia della moglie, non di rado mentre si recano insieme alla messa domenicale.

La preparazione tecnica, l'autorevolezza, la tenacia nel perseguire gli interessi generali del paese, la paziente tessitura di programmi capaci di unire un fronte ampio e assai variegato di forze, gli sono valse due vittorie elettorali contro Berlusconi ma non sono bastate a mantenerlo in sella né la prima volta, quando la maggioranza conquistata era più consistente, né la seconda quando è stata decisamente esigua. La debolezza di Prodi è consistita nelle divisioni del suo schieramento, che in molti casi si sono rivelate paralizzanti e hanno provocato la caduta dei governi da lui diretti. Il tasso di litigiosità della sua maggioranza e dei diversi leader che ne facevano parte ha toccato in qualche momento punte parossistiche, spingendo il suo successore alla guida della coalizione di centrosinistra, Walter Veltroni, a rompere le alleanze precedenti nell'ambizione di far diventare il proprio partito interprete unico delle istanze alternative al berlusconismo. Ma il rimedio si è rivelato peggiore del male in quanto l'obiettivo di conquistare una posizione largamente maggioritaria è fallito nelle ultime elezioni, mentre le divisioni non sono diminuite.

Nel complesso il ceto politico di centrosinistra (così si è chiamata questa parte dello schieramento), che pure ha avuto il merito di tentare di restituire voce ai cittadini elettori adottando metodi innovativi di consultazione diretta per la scelta dei candidati e dei dirigenti (le cosiddette «primarie»), non è risultato all'altezza del compito. La frantumazione e il particolarismo, l'assenza di lungimiranza e di decisione, la subalternità alle tematiche imposte dalla destra, persino l'incapacità di valorizzare adeguatamente i risultati raggiunti nelle prime esperienze di governo, gli hanno attirato la sfiducia di molti simpatizzanti. Detto in una parola: i leader del centrosinistra, tranne poche eccezioni, hanno finito per trasmettere, malgrado gli sforzi, un senso disarmante di irrilevanza. A un certo punto è parso che la memorabile invettiva teatralmente lanciata contro di loro nel corso di un comizio dal celebre regista Nanni Moretti, anch'egli di sinistra («con questi dirigenti non vinceremo mai»), si sia avverata come una maledizione.

La Chiesa e le destre

A far pendere l'ago della bilancia dalla parte di Berlusconi è stato anche l'atteggiamento della Chiesa cattolica, da sempre elemento di primo piano nel panorama della politica italiana. Malgrado la chiara collocazione personale in ambito cattolico (il suo matrimonio era stato addirittura celebrato dal potente presidente della Conferenza episcopale italiana, il cardinale Camillo Ruini), Prodi non ha ottenuto l'appoggio della Chiesa, anzi ha incontrato la sua diffidenza corrosiva sfociata a tratti in aperta ostilità. Per comprendere questa circostanza occorre risalire al momento genetico del berlusconismo, che abbiamo identificato nel crollo del sistema dei partiti dei primi anni novanta. Questo aveva tra l'altro modificato lo schema classico dei rapporti tra Chiesa e realtà politica affermatosi nel secondo dopoguerra quando la gerarchia, timorosa della crescente influenza comunista sulle masse e dei processi in corso di laicizzazione della vita, si era affidata alla Democrazia cristiana perché fungesse da scudo dei valori cattolici così com'era baluardo del sistema occidentale. Tutto nella Dc suggeriva questo ruolo, a cominciare dal simbolo, che consisteva appunto in uno scudo bianco sul quale campeggiava una croce rossa. La Dc assolse il suo mandato, cercando di bloccare l'avanzata del comunismo e di rallentare i processi di modernizzazione del costume che minavano il controllo della Chiesa sui comportamenti dei fedeli. Memorabili furono in questo senso le battaglie per impedire la legalizzazione del divorzio e dell'aborto. Nondimeno agì sempre come forza politica autonoma, ispirata dal magistero della Chiesa ma non passiva esecutrice delle sue direttive, il che avrebbe dato allo Stato italiano un'esplicita impronta teocratica incompatibile con la Costituzione. A sua volta la Chiesa, accontentandosi di questa influenza indiretta, aveva per lo più evitato di interloquire in maniera diretta ed esplicita con i governi e le forze politiche al fine di imporre la sua volontà.

Scomparsa la Democrazia cristiana e venuta meno l'unità politica dei cattolici, la Chiesa – e più precisamente la Conferenza episcopale italiana (Cei) – ha cominciato a intervenire direttamente come un gruppo di pressione molto invadente e molto influente – in quanto capace di orientare una quota non maggioritaria ma consistente dell'elettorato – per difendere i suoi interessi e i suoi valori, accordando la propria preferenza al centrodestra guidato da Berlusconi, non solo e non tanto per l'atteggiamento ossequiente e devoto sempre ostentato da quest'ultimo, ma per le maggiori garanzie offerte su temi considerati cruciali dalla gerarchia cattolica.

Berlusconi si è preoccupato di garantire gli interessi materiali e istituzionali della Chiesa con molta maggior coerenza di quanto non abbiano fatto i governi di centrosinistra, pur molto prudenti in questo campo: basti pensare al finanziamento delle scuole private, in buona maggioranza cattoliche, all'immissione in ruolo preferenziale per gli insegnanti di religione (presenti nella scuola pubblica a termini di Concordato rivisto in epoca craxiana), agli sgravi fiscali concessi alle proprietà ecclesiastiche. Inoltre, la destra ha sempre esibito in tutte le sue componenti (Lega compresa, come si è visto) una difesa aggressiva del tradizionalismo cattolico specialmente in merito alla famiglia intesa come nucleo portante dell'ordine sociale, anche in contraddizione con la concessione di più estesi diritti civili relativi alle coppie di fatto (conviventi in genere e più specificamente omosessuali). Lo stesso vale per la cosiddetta bioetica, in relazione ai momenti cruciali dell'esistenza umana come la procreazione, la nascita e la morte, sui quali la Chiesa ha sempre rivendicato la sua funzione insostituibile di mediazione tra la vita terrena e il mondo trascendente. Si pensi al sostegno dato dal centrodestra alle battaglie frontali contro l'uso di alcuni tipi di cellule embrionali in funzione di sperimentazione biologica e contro la procreazione assistita. Molto importanti sono state anche le resistenze e le restrizioni opposte dal governo Berlusconi all'introduzione di metodi abortivi meno dolorosi e invasivi per la donna di quelli chirurgici, come una pillola di cui l'Agenzia italiana del farmaco ha autorizzato la commercializzazione nell'estate del 2009, condannata dalla Chiesa come una facilitazione, e perciò come un incoraggiamento, a praticare l'aborto.

In sostanza, il centrodestra si è fatto baluardo del cattolicesimo più chiuso, intransigente e reazionario, predominante nell'attuale fase storica, tendente a imporre per via legislativa il proprio marchio sui momenti fondamentali della vita umana in una società al riguardo molto variegata, alla ricerca di nuovi modelli di comportamento e comunque abbondantemente distaccata da quelli tradizionali. Gli esponenti dello schieramento berlusconiano non hanno esitato a offrire questo appoggio pregiudiziale, improvvisandosi cultori di valori per molti aspetti antitetici rispetto a quelli eminentemente edonistici, immanentistici, addirittura paganeggianti personalmente praticati da molti di loro, promossi nel costume grazie anche alle televisioni e coessenziali al messaggio politico che li ha portati al potere. In questo campo hanno cercato di giocare sugli umori contraddittori di un immaginario collettivo portato da un lato a sacralizzare il corpo, il benessere e il consumo, dall'altro spaventato dalle illimitate potenzialità raggiunte dalla scienza in campo genetico, nonché carico di angosce rimosse sui temi della sofferenza e della morte.

Esemplare in questo senso è il caso venuto alla ribalta della cronaca alla fine del 2008, quando un padre ha ottenuto da una sentenza di tribunale, dopo interminabili battaglie legali affrontate con serenità e determinazione ammirevoli, l'autorizzazione a lasciar morire la figlia Eluana, in coma vegetativo da ben diciassette anni in seguito a un incidente automobilistico, tenuta artificialmente in vita contro quella che egli testimoniava essere stata la volontà da lei preventivamente espressa. Dopo l'inutile tentativo compiuto da un ministro del governo Berlusconi di bloccare l'applicazione della sentenza per via amministrativa, nell'intento evidente di compiacere la Chiesa, che vedeva nella sentenza una surrettizia introduzione dell'eutanasia, il governo si è pesantemente inserito nella contesa quando la situazione stava precipitando, formulando d'urgenza un decreto legge che dichiarava illegale l'interruzione della nutrizione e dell'idratazione forzate. Il capo del governo, che pure era sembrato in precedenza manifestare qualche titubanza anche perché avvertito degli umori contraddittori dell'opinione pubblica, ha finito per sposare in pieno la crociata, sostenuta da una campagna mediatica in cui naturalmente le televisioni di sua proprietà hanno toccato il diapason: una specie di danza macabra volta a colpire l'immaginario, scatenando incubi ancestrali basati sull'identificazione con la vittima destinata a morire fra atroci tormenti per la fame e la sete, in contrasto con quanto la scienza è in grado di dire in argomento. Si è arrivati al punto di accusare gli esponenti del centrosinistra (tra i quali scienziati di fama e di coerente orientamento cattolico come il senatore Ignazio Marino) – favorevoli tranne pochissime eccezioni al rispetto della sentenza e della sofferta decisione del padre – di costituire un autentico «partito della morte».

L'offensiva, condotta senza un'ombra di pietà per i sentimenti del padre, in un crescendo di accuse e di emozioni violente, ha raggiunto il culmine quando il presidente della Repubblica Giorgio Napolitano ha rifiutato di firmare, per ragioni costituzionali, il decreto approvato dal governo, lasciando con ciò libero corso alle procedure previste per l'interruzione delle terapie. Mentre il Senato era riunito per la discussione della materia, in anticipo su quanto i medici avevano previsto è giunta la notizia della morte della donna. A questo punto un senatore del campo berlusconiano ha pronunciato con foga la frase: «Eluana non è morta. È stata ammazzata!», indicando implicitamente tra gli assassini il padre della donna, i giudici che gli avevano dato ragione, i medici che avevano dato corso alle procedure previste, gli esponenti del centrosinistra che si erano opposti all'emanazione del decreto, il presidente della Repubblica che ne aveva negato la promulgazione. Per nulla imbarazzata da simili affondi estremistici, la Chiesa ha continuato a reclamare che nella legislazione in discussione la propria posizione venisse imposta alla generalità dei cittadini italiani anche di convinzioni etiche diverse: evitando di riconoscere il diritto di ciascuno alla libera, preventiva espressione della propria volontà di fronte alla morte (il cosiddetto testamento biologico) ed escludendo che l'insistenza nella nutrizione e nell'idratazione artificiali potesse essere assimilata al cosiddetto accanimento terapeutico che essa stessa ha condannato.

Simili prove di incondizionato appoggio sui punti chiave della sua strategia sono state agli occhi della Chiesa l'elemento dirimente nella scelta di campo. Le blande aperture del governo Prodi nei confronti dei diritti delle coppie di fatto, la presenza all'interno del centrosinistra di atteggiamenti – in verità tutt'altro che unanimi e coerenti – in difesa della laicità sono bastate a orientare le preferenze delle gerarchie per Berlusconi. Nessun peso hanno mai avuto in questo senso i profili personali dei due leader in contrasto, l'uno pienamente coerente – s'intende nella pubblica percezione – con il modello cattolico di vita, fedele al matrimonio e osservante delle pratiche sacramentali, l'altro già divorziato e incamminato a un secondo divorzio, per niente ligio alle pratiche di culto, promotore e interprete di un modello di vita che la morale cattolica definisce comunemente dissipato, pubblicamente colto di recente – come vedremo – a ricevere prostitute. Il concetto di «pubblico scandalo», un tempo abitualmente richiamato dalla Chiesa per condannare uomini e donne che si comportassero in modo difforme dai suoi dettami etici, non è stato in questo caso invocato. Le allusioni critiche delle gerarchie alla vita privata del premier nel momento del maggior clamore intorno alle sue frequentazioni poco edificanti sono state così sfumate da apparire indecifrabili, in contrasto con il turbamento e il fastidio manifestato da una parte non piccola del mondo cattolico. Quanto alle questioni più propriamente concernenti la legalità, il rispetto dei principi liberali, i conflitti d'interesse, il silenzio delle gerarchie è stato totale, anche in questo caso in contrasto con gli umori di una parte non trascurabile dei fedeli, come ha testimoniato il consenso raccolto dal settimanale cattolico «Famiglia cristiana», il più diffuso rotocalco italiano, che ha condotto una battaglia molto dura contro la degenerazione illiberale del berlusconismo.

L'unico autentico motivo di opposizione della Chiesa nei confronti del centrodestra ha riguardato le politiche sull'immigrazione ispirate agli orientamenti leghisti. In questo campo le parole di condanna per gli atteggiamenti xenofobi, per il trattamento disumano riservato agli stranieri costretti a sostare per mesi e talvolta per anni nei centri di identificazione e di espulsione, per il respingimento indiscriminato dei disperati sopraggiungenti sulle imbarcazioni di fortuna, sono state frequenti e chiare. In argomento le gerarchie sono state coerenti con l'ispirazione umanitaria del cristianesimo, hanno interpretato senza esitazione i sentimenti (per certi aspetti anche gli interessi) del volontariato cattolico impegnato nell'accoglienza, nell'assistenza e nelle pratiche di integrazione degli immigrati e hanno contribuito perciò a porre un argine ai processi di imbarbarimento in atto.

Media

Se l'interpretazione degli umori prevalenti nella società italiana in questo ciclo storico è stato il principale fattore di successo dello schieramento di centrodestra, non si può sottovalutare l'importanza del controllo dei media, in particolare della tv, da parte del suo capo. Non si tratta solo del controllo proprietario (di per sé clamoroso in quanto relativo a una quota enorme degli spazi di emittenza), ma della perfetta padronanza dei linguaggi del mezzo, della simbiosi realizzata tra linguaggio televisivo e linguaggio politico, della formazione preventiva del pubblico attraverso due decenni e oltre di televisione commerciale a colori. In altri termini, la tv costituisce l'habitat naturale della presenza berlusconiana sulla scena politica. Rispetto al caso dei regimi totalitari classici, il controllo non si realizza attraverso l'occupazione assoluta dello spazio mediatico, ma attraverso un presidio selettivo: la tv rispetto agli altri media, i canali televisivi privati e pubblici storicamente più forti rispetto agli altri. Come dimostrano le ricerche di istituti specializzati, circa il 70 per cento degli elettori italiani dà forma alle sue decisioni elettorali attraverso l'ascolto dei telegiornali, tra i quali il Tg1 e il Tg5 raccolgono il 60 per cento degli spettatori (dati del Censis riferiti alle elezioni europee del 2009). Presidiando il Tg1 e il Tg5 si ha dunque virtualmente il controllo di oltre il 40 per cento del totale degli elettori, anche se naturalmente a determinare i risultati elettorali entrano in gioco altri fattori non controllabili, e quindi i risultati non sono evidentemente automatici né sempre uguali.

Su questo punto i sostenitori di Berlusconi, ma non di rado anche i commentatori non schierati, ribattono che tramite la tv egli orienta e controlla al massimo una parte, non maggioritaria, dell'elettorato, come dimostrerebbe il fatto che lo sbilanciamento a suo favore dei mezzi di comunicazione non gli ha impedito di andare incontro a sconfitte elettorali. Ma tale argomento non regge sul piano logico. Quello che gioca a favore di Berlusconi è precisamente questo vantaggio marginale che gli è assicurato dal controllo dei media: a parità delle altre condizioni, esso risulta decisivo e sufficiente a squilibrare e falsare i risultati elettorali stessi: rendendo più cospicue le vittorie e riducendo la portata delle sconfitte. Il fatto che il più grande imprenditore delle comunicazioni sia anche il capo dell'esecutivo rimane in tal senso uno scandalo assoluto che nessuna prudenza dialettica potrà mai attenuare e nessun sofisma potrà mai riuscire a nascondere.

Anche a questo proposito il fronte delle opposizioni è però rimasto inerte. Paralizzato dalle minacce di rappresaglia mediatica, non ha saputo approfittare della sua importante vittoria del 1996 per imporre dei vincoli legislativi compatibili con gli standard delle democrazie occidentali e ha rinunciato a presentare una legge sul cosiddetto conflitto di interessi, offrendo così un potente argomento alla minimizzazione del problema da parte degli avversari. Ha dovuto perciò accontentarsi di difendere i pochi spazi comunicativi rimastigli, e a questo fine ha accettato di continuare a compartecipare a una spartizione decisamente subalterna nell'ambito della tv pubblica che è sembrata replicare, per giunta con modesti risultati, i metodi spartitori del passato.

Forte di questo controllo pressoché incontrastato, Berlusconi ha potuto imporre la sua narrazione del passato e del presente indipendentemente dai dati della realtà, attingendo a diversi registri, tra cui quello fiabesco e miracolistico non estraneo ai dittatori classici, da Mussolini a Stalin. L'icona del capo che veglia lavorando per il bene comune mentre i cittadini possono godersi tranquilli il riposo notturno, frequentemente utilizzata da Berlusconi, è un topos ricorrente tanto nell'affabulazione e nell'iconografia mussoliniana quanto in quella staliniana. Persino le scenografie allegoriche del capo circondato da ragazze festanti rinviano a elementi classici del culto della personalità in età totalitaria, con la variante di un gusto da rotocalco e da concorso di bellezza imposto dagli standard dell'estetica televisiva. I temi di un'investitura sacrale e di una potenza miracolistica, spesso invocati a proposito dell'operare del duce del fascismo, sono stati rispolverati da Berlusconi nei moduli della devozione popolare tipici di casi come quello di Padre Pio e del gusto da ipermercato proprio dell'era televisiva e consumistica contemporanea: ne è un esempio la consegna delle prime case alle famiglie abruzzesi colpite dal terremoto dell'aprile 2009, presentata come la materializzazione magica, grazie ai poteri salvifici del presidente del Consiglio, di set preconfezionati dell'intimità domestica, «tutto compreso» e «chiavi in mano». In questa circostanza la figura del premier è apparsa come la perfetta imitazione di altri personaggi leggendari della pubblicità televisiva, come l'uomo di Aiazzone (un mobilificio biellese) che prometteva con un sorriso stereotipato l'invio istantaneo di mobili a basso prezzo in tutta Italia «isole comprese». Il controllo della narrazione pubblica spiega inoltre come domande elementari e dirimenti – per esempio perché il leader, malgrado abbia potuto usufruire di un potere crescente e di maggioranze parlamentari solidissime, non abbia mantenuto la promessa, centrale nel suo messaggio politico, di riduzione significativa della pressione fiscale – non gli siano mai poste in maniera chiara e ultimativa.

Su questo punto vale tuttavia la pena di sottolineare che l'egemonia delle destre emersa in questi anni non è stata essenzialmente o esclusivamente un prodotto del primato mediatico. Per dirla in modo ancora più chiaro: non è stato il frutto illusionistico di un trucco da prestigiatore del mago Berlusconi, assimilabile a quelli esercitati da una sguaiata e truffaldina protagonista di un programma di televendite, Vanna Marchi, divenuta essa stessa simbolo di un'epoca e talvolta paragonata al leader della destra, ma qualcosa di più profondo e socialmente radicato. Lo scandaloso monopolio televisivo ne è stato uno strumento fondamentale, ma non la causa.

Caratteri

Quale in definitiva il profilo dell'età berlusconiana così delineata? Ormai possiamo dirlo non a titolo di ipotesi o di pericolo futuro ma come esito storicamente accertato: il risultato di questo predominio configura l'affermazione di un regime politico dai forti connotati illiberali. Il principale fattore costitutivo dei regimi liberali, secondo le teorie classiche, consiste nella precisa separazione e nel bilanciamento dei poteri: ma in questo caso nella figura di un uomo solo si sommano poteri formali e informali immensi, che tendono a configurare uno sbilanciamento e perciò una situazione potenzialmente irreversibile: il potere economico (Berlusconi è diventato uno degli uomini più ricchi del mondo), il potere esecutivo, il potere mediatico. In particolare il controllo mediatico, la personalizzazione della politica e l'affermazione del modello pubblicitario spingono verso esiti plebiscitari che contraddicono il principio delle normali alternanze. Il tentativo di blindare per via legislativa la posizione del premier sottraendolo al controllo della magistratura ordinaria ha lo stesso significato. Le sue evidenti e frequenti manifestazioni di insofferenza verso questa come tutte le altre istituzioni e magistrature costituzionalmente preposte a compiti di bilanciamento e controllo (in particolare il presidente della Repubblica e la Corte costituzionale) sono sintomi di una bulimia di potere e indicatori di una forte propensione, quasi di una coazione a procedere in tale direzione. Non a caso, ponendosi nel solco della più classica tradizione antiparlamentare prefascista e fascista, egli ne ha espresso ripetutamente una versione aggiornata, a misura della sua cultura e quindi improntata al mito dell'efficientismo aziendalista, manifestando insofferenza per le procedure dell'organismo parlamentare viste come una perdita di tempo e un inammissibile freno al dispiegamento della propria volontà.

Benché abbiano ragione quanti ritengono che sia improprio parlare di una dittatura in senso classico, tuttavia appare ugualmente insostenibile la tesi che ci si muova, malgrado l'esercizio sempre più forte e insaziabile di questa egemonia, nella normalità democratica. Piuttosto sembra ragionevole affermare che nell'età berlusconiana l'Italia è stata ed è teatro, per la prima volta in un paese occidentale del secondo dopoguerra, di un esperimento molto spinto di democrazia autoritaria. Uno storico inglese già menzionato, molto attento agli standard internazionali, in applicazione di criteri elaborati da due noti studiosi americani, l'ha definita nel 2003 – quando alcuni elementi degenerativi non erano ancora giunti al culmine – come una democrazia non liberale. Altri hanno considerato perfettamente calzante la categoria di bonapartismo (con riferimento all'imperatore Luigi Napoleone Bonaparte, imperatore dei francesi tra il 1852 e il

1870), che uno dei principali dizionari della lingua italiana definisce come «un regime autoritario e personale fondato su un consenso di tipo plebiscitario».

Nel corso dell'età berlusconiana è anche venuto meno un principio dell'etica pubblica comune ai regimi liberali, già fortemente indebolito in precedenza ma mai violato in maniera tanto plateale come nell'epoca attuale: quello secondo il quale l'uomo di governo non solo deve essere ma deve *apparire* probo e rispettoso delle leggi, sicché la responsabilità penale personale e la presunzione di innocenza fino a condanna definitiva, principi giuridicamente ineccepibili, non sono significative da questo punto di vista più strettamente politico. Anche a voler totalmente prescindere dai numerosi procedimenti penali direttamente a carico del leader della destra, occorre ricordare ad esempio che due tra i suoi massimi amici e collaboratori sono stati condannati a pene gravi, l'uno in due processi con sentenze definitive, l'altro con sentenza di primo grado che attende ancora conferma. Si tratta dell'avvocato Cesare Previti, condannato per aver corrotto giudici in processi in cui erano in gioco gli interessi di Berlusconi, e di Marcello Dell'Utri, condannato in primo grado per concorso esterno in associazione di tipo mafioso, responsabile nel 1974 del reclutamento per conto di Berlusconi di un boss mafioso, poi condannato per omicidio, per lavorare nella villa del premier ad Arcore. Il primo fu addirittura proposto nel 1994 da Berlusconi come ministro della Giustizia, poi – a causa delle resistenze del capo dello Stato – fu nominato ministro della Difesa. Il secondo fu tra i fondatori del partito Forza Italia alla testa del quale Berlusconi inaugurò la sua leadership politica, ed è tuttora uno dei massimi esponenti del Popolo della Libertà che ne costituisce l'ultima evoluzione.

Tutto ciò configura una contiguità e una familiarità con l'illegalismo assolutamente sorprendente per gli standard delle democrazie occidentali e un fattore di evidente degenerazione della vita pubblica italiana. La soglia di tolleranza nei confronti delle pratiche illegali e della promozione a posti di responsabilità politica di figure dal profilo squalificato o addirittura fortemente compromesse, al punto da subire pesanti condanne, si è abbassata fino a scomparire. La storia personale del premier, per la parte che è ormai di dominio pubblico e consegnata a sentenze giudiziarie, nella migliore delle ipotesi appare perfettamente coerente con il profilo di un imprenditore intraprendente, ambizioso e spregiudicato, abituato a promuovere con ogni mezzo, lecito e illecito (ivi inclusa la provata iscrizione a un'associazione segreta denominata P2), i propri interessi, a comprare favori, a eliminare gli ostacoli con l'uso di espedienti. La trasposizione di questo modello di comportamento, di per sé non eccezionale, nella sfera della politica e la sua proiezione ai più alti livelli di quella istituzionale hanno prodotto con tutta evidenza una catastrofe legalitaria di proporzioni imponenti. Il problema più grave in questo senso è che la progressione di tali fenomeni è stata accompagnata, col concorso di commentatori assai propensi a minimizzare, da un crescente processo di assuefazione.

La manifestazione plastica del trasferimento nella sfera politica (ossia pubblica) delle esigenze personali del premier si è avuta nel fenomeno vistosissimo di promozione di uno stuolo di avvocati già ingaggiati per la difesa dei suoi interessi privati (il nominato Previti, Gaetano Pecorella, Niccolò Ghedini, per non ricordare che i più noti) al rango parlamentare. Una delle primarie funzioni del Parlamento consiste nell'attività legislativa, ossia nel produrre provvedimenti generali e astratti volti a stabilire regole comuni e a proteggere diritti. Quella invece dell'avvocatura consiste nel difendere interessi particolari. Si è così assistito a questo singolare paradosso: che deputati chiamati a fare le leggi nell'interesse collettivo sono stati quasi esclusivamente impegnati nella formulazione di leggi a tutela del loro cliente, con l'intento principale di permettergli di eludere altre leggi vigenti, di evitargli imputazioni e processi, insomma di sfuggire alla giustizia: leggi che sono state ribattezzate, rendendo di comune dominio un'espressione giuridica latina nota agli specialisti, *ad personam*.

Le resistenze a prendere atto del carattere tutt'altro che contingente di tale degrado sono in verità ancora molto forti. L'uso di termini come autoritarismo e totalitarismo nel caso in questione viene spesso bollato come manifestazione di un allarmismo ingiustificato e controproducente o anche di una mancanza di senso storico. Quando non è il frutto di conformismo, questo atteggiamento discende da un equivoco. È chiaro che i due termini possono essere applicati solo a patto di mettere l'accento sulle forti differenze di significato rispetto ai loro usi classici. Autoritarismo ad esempio non può significare, in questo caso, uso prevalente della forza repressiva dello Stato o limitazione legislativa del diritto di manifestazione del dissenso. Ancor più bisognoso di cautele è il termine totalitarismo, invariabilmente legato ai modelli storici a cui si deve la sua stessa genesi, anche se non bisogna perdere di vista la distinzione tra totalitarismo come sistema politico compiuto e mentalità totalitaria.

In questo senso è possibile cogliere il delinearsi di una vocazione in senso lato totalitaria all'interno del percorso e del discorso politico berlusconiano. Per esempio nella predilezione per la possibilità di emettere messaggi senza contraddittorio o con interlocutori compiacenti: una costante della sua presenza nella politica fin dagli esordi, che lo spinge ad aspirare al controllo il più possibile pervasivo dei canali di comunicazione. Oppure nella sua pretesa di interpretare, in quanto partito e in quanto persona, non una parte ma il tutto, ossia l'Italia in quanto tale. Si spiega così il rifiuto, non solo tattico o strumentale, di usare la parola partito per designare il suo raggruppamento, sostituendola con la parola popolo. Di qui l'idea, chiaramente espressa a parole e nei comportamenti, che gli oppositori, e persino coloro che manifestano un dissenso nelle sue file in quanto pretendano di tener ferme le proprie posizioni, siano non semplici avversari, ma nemici del popolo, anti-italiani, autori di complotti, eversori.

Allo stesso modo è del tutto evidente che Berlusconi non è Hitler né Mussolini: è semplicemente ridicolo pensarlo ed è espressione di una calcolata guerriglia dialettica attribuire questo pensiero ai suoi critici. Ma è altrettanto evidente che ci sono elementi comuni tra lui e molte personalità della politica novecentesca che hanno basato il proprio potere sulla fascinazione personale, sulla forza di elementi seduttivi e illusionistici, sulle sofisticate strategie di costruzione della propria immagine, sull'uso del proprio corpo come parte del carisma. In particolare, come è stato notato, più Mussolini che Hitler, il quale non puntava tanto sul corpo quanto sulla forza magnetica della sua parola amplificata. E non c'è bisogno di ripetere che in ogni caso queste procedure, benché simili, si sostanziano delle tecniche, delle forme mediatiche, degli stereotipi e dei codici di valori propri dei tempi, e in questo senso la diversità va di pari passo con la somiglianza.

Per rimanere all'esempio, il modello di Mussolini, fondamento del suo mito, è quello del padre severo e del condottiero, dell'uomo moderno sportivo e atletico, ma anche del robusto contadino italico e del dittatore romano antico: modello tipico dello stereotipo maschile novecentesco. Laddove quello di Berlusconi è il modello del divo hollywoodiano, del commentatore infinito e ipercompetente delle partite di calcio, del collezionista di orologi da polso e raccontatore di barzellette, del protagonista di soap opera e dell'animatore di villaggi turistici. Ci sono diverse scale di grandezza in queste figure, che all'occorrenza possono essere diverse scale di tragicità. La scala dei nostri tempi è quella della banalizzazione e dell'appiattimento senza trascendenza su un mondo che non si conquista perché si riceve a casa come una pizza da asporto, che non ha futuro né passato perché comincia e finisce tutto nel presente.

Dire questo di Berlusconi non significa – come le sue guardie del corpo mediatiche ripetono ossessivamente, chiudendosi a testuggine, a ogni minimo accenno di critica sostanziale – demonizzarlo: la demonizzazione in senso proprio non è storiograficamente utile neppure nei confronti di Hitler, figuriamoci di Berlusconi. Significa semplicemente prendere di petto il cuore del problema o almeno tentare di farlo: un potere basato su fattori irrazionali e personali di tipo arcaico, che contemporaneamente mobilita a sua difesa smisurate energie razionali e moderne (il discorso argomentativo dei legali, la cultura dei politologi, le tecnologie della previsione statistica, della chirurgia estetica, del trucco e della costruzione mediatica dell'immagine, e così via) ha qualche cosa di decisamente inquietante e sembra autorizzare l'uso della categoria di modernismo reazionario, già attribuita a più importanti e tragici fenomeni del XX secolo. L'idea, dispensata con molesta insistenza in dibattiti sempre uguali, che tutto questo diventi accettabile per il solo fatto di essere approvato dalla maggioranza degli italiani, non sembra più convincente del vecchio detto hegeliano secondo cui ciò che è reale è razionale. Che si debba perciò rassegnarsi a convivere con questo fenomeno è un invito che una quota consistente degli italiani stessi non sembra disposta ad accogliere.

Resistenze

A dispetto della potenza omologatrice dei mezzi dispiegati dal potere berlusconiano e della debolezza estrema dell'opposizione ufficiale, le resistenze nella politica, nella società civile, nella cultura e nelle istituzioni fondamentali dello Stato non sono mai venute meno. Sono sorte associazioni che hanno mobilitato grandi energie intellettuali e competenze giuridiche in difesa della Costituzione. Vaste manifestazioni di massa per esprimere dissenso e rifiuto hanno punteggiato le esperienze di governo del centrodestra. L'esempio più imponente rimane forse quello della manifestazione promossa il 23 marzo del 2002 dal maggiore sindacato italiano, la Cgil, contro la proposta del governo di modificare un articolo dello Statuto dei lavoratori che riguarda il reintegro dei lavoratori ingiustamente licenziati. La manifestazione fu conclusa da un comizio a Roma in cui il segretario della Confederazione Sergio Cofferati parlò davanti a una folla calcolata in circa tre milioni di persone. Ben oltre la rivendicazione specifica, il raduno fu espressione di una vigorosa ripulsa di massa nei confronti del governo Berlusconi da poco insediato, e sembrò assegnare a Cofferati il ruolo, rivelatosi in verità effimero, di leader politico da cui molti si attendevano una riscossa generale. Altre manifestazioni furono ancor più chiaramente frutto di spontaneità, o per meglio dire di organizzazione dal basso, attraverso la promozione di quotidiani, riviste, personalità della cultura e dello spettacolo e il supporto delle reti informatiche. Una vera fioritura ebbero nel 2002 movimenti di questo tipo denominati «Girotondi» (dalle modalità delle prime manifestazioni, consistenti in festose catene umane che ruotavano attorno a edifici e luoghi simbolo come i palazzi di giustizia e le sedi Rai), segnati da una critica radicale nei confronti del berlusconismo e da un'intransigente polemica contro le inerzie dell'opposizione.

Il caso più recente e forse il più significativo dal punto di vista della sociologia politica è stato quello della manifestazione tenuta a Roma il 5 dicembre 2009 per chiedere le dimissioni del capo del governo, che ha visto la partecipazione di diverse centinaia di migliaia di persone (un milione secondo gli organizzatori). Forse per la prima volta nella storia della politica moderna una manifestazione di tale portata è stata promossa attraverso un contatto spontaneo tra utenti della rete: si è trattato inizialmente di un piccolo gruppo di giovani, mossi da una comune reazione istintiva alla notizia appena diffusa che la Corte costituzionale aveva bocciato la legge nota come Lodo Alfano (dal nome del ministro della Giustizia in carica) tendente a sottrarre il premier al giudizio della magistratura soprattutto in vista di un processo per corruzione. Riconoscendosi nell'entusiasmo per l'insperato risultato, espresso attraverso un popolare *social network* Facebook, questo gruppo ha lanciato una manifestazione nazionale sulla base di un'enunciazione semplice e intuitiva, non fatta discendere da altre argomentazioni e svincolata da ulteriori eventuali implicazioni: Berlusconi deve dimettersi e difendersi, come ogni cittadino, davanti ai tribunali della Repubblica per le accuse che gli vengono rivolte.

Le adesioni, circa 1000 il primo giorno, sono cresciute vertiginosamente nei giorni seguenti – anche perché gli altri mezzi di comunicazione avevano cominciato a darne notizia e qualche forza politica aveva dichiarato di appoggiare l'iniziativa – fino a toccare, nel giro di poco più di un mese, il numero di ben 350 000. I promotori hanno deciso a questo punto di passare a un piano operativo e di adottare come colore di riconoscimento il viola, totalmente inusuale nella simbologia politica e addirittura considerato iettatorio in quella comune, per rimarcare il carattere di completa novità e autonomia della loro azione. Numerosi altri colori risultano infatti invariabilmente associati a specifiche connotazioni politiche: il rosso alla sinistra (in particolare al comunismo), il bianco all'area cattolica (ma anche al partito promosso dall'ex magistrato Antonio Di Pietro e denominato Italia dei valori, nella cui bandiera prevale a colpo d'occhio una superficie bianca), il nero alla tradizione fascista, l'azzurro al movimento berlusconiano di Forza Italia, l'arancione ad altri movimenti fugacemente apparsi in Italia e all'estero.

Il successo oltre le previsioni della manifestazione reale, dopo quello incontrato dall'iniziativa virtuale, ha confermato la persistenza di una diffusa ostilità al premier, impermeabile alla pressione mediatica e indipendente dall'opera di orientamento dei partiti di opposizione, del resto alquanto fragile e contraddittoria: una resistenza annidata anche in ambienti giovanili giudicati troppo frettolosamente estranei alla politica e certo abituati a esprimersi con modalità non tradizionali (il cosiddetto popolo dei blog o anche «del pollice», con riferimento al frenetico uso dei telefoni cellulari per comunicare tramite sms). Esso ha fornito la prova delle straordinarie potenzialità della rete come strumento di comunicazione e di mobilitazione politica. Secondo alcuni osservatori forse troppo ottimisti, la capacità di inventiva e di innovazione in direzione di una politica partecipata messa in evidenza da eventi come questo porrebbe addirittura l'Italia all'avanguardia in Europa, in maniera direttamente proporzionale alla gravità dello svuotamento populistico e mediatico della partecipazione tentato dal premier.

I segnali di una tenuta, di una reattività della società italiana rispetto ai tentativi di anestetizzarla non sono solo questi. La magistratura, sottoposta a un attacco durissimo per aver continuato a perseguire i reati di cui Berlusconi è accusato, denigrata come una congrega di persecutori politicizzati, di sfaccendati e di fanatici, ha tenuto fermo come valore non contrattabile la sua indipendenza.

Una parte consistente dei professionisti della comunicazione giornalistica e televisiva si è conformata alle aspettative del premier e ai suoi comandi, ma un'altra parte non piccola ha tenuto in vita un'informazione non addomesticata, talvolta assai combattiva, sfidando il rischio – divenuto realtà in parecchie occasioni – dell'eliminazione dagli schermi. Dei due più diffusi e autorevoli quotidiani italiani l'uno, «la Repubblica», ha fatto della denuncia contro le degenerazioni del sistema e della difesa di un ruolo della stampa come «quarto potere» un autentico cavallo di battaglia; l'altro, il «Corriere della Sera», com'è accaduto in altri momenti delicati della sua storia, ha viceversa subito l'enorme pressione, costretto a un frequente avvicendamento dei direttori, mai abbastanza prudenti, e a sottili giochi di equilibrio, consistenti ad esempio nel bilanciare cronache non reticenti con una massiccia dose di editorialisti compiacenti o indulgenti verso il premier. La principale eccezione in questo senso è stata costituita dalla presenza abbastanza costante tra i suoi commentatori di un politologo di fama internazionale, Giovanni Sartori, implacabile nella denuncia pregiudiziale del conflitto di interessi, di cui il premier lombardo è portatore, come *vulnus* della democrazia liberale.

In sostanza, se volessimo tenere aperta la comparazione tra il berlusconismo e il fascismo storico, si potrebbe dire che il progetto di modificare alla radice e in maniera irreversibile l'assetto costituzionale del potere, realizzato da Mussolini alla metà degli anni venti, e di rompere gli argini nella conquista del consenso, riducendo la società a un piatto conformismo e gli oppositori a una sparuta minoranza, in questo caso non ha per ora avuto successo.

Epilogo

Nell'estate del 2009, l'immagine del premier è stata intaccata dagli scandali relativi alla sua vita privata, in particolare dalla rivelazione, a causa di un'inchiesta giudiziaria, delle sue abitudini a reclutare giovani donne aventi il compito di animare feste e di offrirgli prestazioni sessuali, talvolta in cambio di promozione delle loro carriere nel campo dello spettacolo o della politica. Il sospetto che tale fosse divenuto il metodo principale di reclutamento del personale dirigente ha destato scalpore e sconcerto persino negli ambienti della maggioranza. L'accusa è stata corroborata da esplicite dichiarazioni della moglie del leader, che ha per questo avanzato domanda di divorzio. Comunque lo si prenda, lo scandalo è tale da costituire un *vulnus* per il suo smisurato narcisismo e quindi per il suo carisma: avendo egli asserito di non sapere che alcune ragazze introdottesi in casa sua potevano essere prostitute né che potessero essere state pagate sia pure da altri, sostenendo inoltre che non rinuncerebbe mai al piacere della seduzione ricorrendo al denaro, Berlusconi ha contemporaneamente ammesso la vulnerabilità della sua sfera personale e della sua stessa abitazione (dove tra l'altro una delle ospiti ha compiuto ampie registrazioni audio-video consegnate alla magistratura) e quel che più conta la sua eccessiva fiducia nei propri poteri seduttivi, smentiti dal carattere provatamente mercenario di alcuni di questi incontri (sebbene il pagatore non fosse lui ma un imprenditore pugliese alla ricerca dei suoi favori). Inoltre è apparso imbarazzante, per un leader che ha fatto dell'esibizione della sua intimità un cavallo di battaglia, constatare che c'era una parte di tale intimità inconfessabile, sulla quale comunque è rimasto a lungo silenzioso, reticente o contraddittorio.

Per la prima volta una questione relativa all'immagine del leader si è rivelata non completamente manipolabile a dispetto degli sforzi suoi, del suo entourage e di una folta schiera di giornalisti da lui stesso collocati nelle posizioni chiave del sistema dell'informazione, che hanno tentato inutilmente di derubricare la questione a irrilevante pettegolezzo o come attentato alla privacy del personaggio. Quel che più conta, l'evidenza dei suoi costumi disordinati, forse anche viziati da un priapismo senile, è entrata in patente contraddizione con i codici di valori improntati al familismo cattolico elevati a bandiera del suo agire politico e ampiamente associati alla sua figura nell'iconografia propagandistica prodotta nelle occasioni elettorali.

Al culmine di questa fase, nei primi giorni dell'ottobre 2009, il pronunciamento della Suprema corte (la massima magistratura del sistema italiano) in merito all'incostituzionalità del Lodo Alfano ha dato un grave colpo all'immagine del capo del governo, portando quasi al limite di rottura il suo rapporto con le altre massime istituzioni (presidente della Repubblica e Corte costituzionale) e aprendo uno scenario giudicato senza precedenti dalla maggior parte dei commentatori nazionali ed esteri (compresi alcuni tra quelli a lui favorevoli).

In realtà la vicenda del Lodo Alfano non ha fatto che spingere a un livello parossistico il conflitto già in corso tra il leader della destra e la magistratura almeno dal 1994. Contraddicendo il plauso a suo tempo tributato ai magistrati che avevano messo sotto accusa l'intera classe politica nel periodo di Tangentopoli, in quell'anno Berlusconi aveva reagito rabbiosamente all'avviso di garanzia emesso nei suoi confronti in quanto indagato per corruzione, giudicandolo proditorio e intenzionalmente lesivo della sua immagine di capo del governo in carica in quanto era stato reso noto proprio mentre stava presiedendo un'importante conferenza internazionale. Da quel momento, di fronte al succedersi di iniziative giudiziarie volte a indagare su reati a lui attribuiti e riguardanti specialmente la sua attività di imprenditore, aveva dato vita a un crescendo di accuse che non solo contestavano i singoli provvedimenti o le singole corti, ma tendevano ad attribuire all'intera magistratura (o almeno ai suoi settori nei fatti più attivi e influenti) un atteggiamento viziato ideologicamente e pregiudizialmente persecutorio nei suoi confronti. Sulla scia di tali polemiche egli si era spinto addirittura ad attribuire ai magistrati come categoria una sorta di inferiorità antropologica, affermando che la scelta della professione era in quanto tale segno di una personalità squilibrata.

Ma in seguito alla bocciatura del Lodo Alfano, e ancor più di fronte al profilarsi di una situazione nella quale è sembrata riprendere corpo un'accusa serpeggiante di corresponsabilità di Berlusconi con la mafia, alla fine di novembre del 2009 egli ha addirittura dichiarato che la magistratura sta trascinando il paese in una guerra civile sulla base dell'intento esplicito di far cadere il governo e con ciò di sovvertire l'ordine costituito. Come molti hanno notato, è questo il punto sostanzialmente eversivo e tecnicamente intollerabile del discorso berlusconiano sulla giustizia, indipendentemente dall'esito dei procedimenti in corso a suo carico: il sostenere – senza esibire prove e senza farne conseguire a sua volta azioni giudiziarie specifiche – che la magistratura (o parti di essa) avrebbe commesso e starebbe reiterando il più grave dei reati ad essa attribuibili, vale a dire agire non in applicazione delle leggi ma al fine di abbattere un legittimo potere dello Stato. Anche i commentatori più ottimisti e inclini a minimizzare la gravità della deriva italiana dovrebbero a questo punto riconoscere che si è decisamente arrivati al punto di rottura, oltre il quale non è ben chiaro che cosa potrebbe succedere. L'idea, propria dei sostenitori di Berlusconi, che sia in corso un braccio di ferro tra poteri, che va sciolto facendo prevalere quello dei due legittimato dal voto popolare, ossia appunto il capo della maggioranza e del governo, appare molto simile a un sofisma: l'investitura del voto non può autorizzare la pretesa del premier di agire *legibus solutus* ed è questa pretesa a porsi in patente conflitto con lo stato di diritto.

Benché, come abbiamo già più volte sottolineato, simili comparazioni abbiano più che altro un valore didascalico, va notata la somiglianza tra questo discorso berlusconiano sulla giustizia e quelli pronunciati da altri capi di governo in momenti cruciali della storia nazionale. Mi riferisco in particolare a quello di Mussolini del gennaio 1925 e a quello di Craxi del 1992. Nel gennaio del 1925, al termine di un ciclo caratterizzato dal crescere dello sgomento per l'uccisione del deputato socialista Giacomo Matteotti per mano di sicari fascisti ormai assicurati alla giustizia, constatata l'impotenza dell'opposizione a ribaltare la situazione a suo favore, il duce dichiarò di assumersi per intero la responsabilità politica e morale di quanto era accaduto, e affermò spavaldamente che con ciò la questione era da considerarsi chiusa. Non negò gli addebiti, ma affermò nei fatti che la politica, in questo caso l'azione di governo, non poteva fermarsi: era il segnale che la costruzione del regime totalitario aveva la porta spalancata. Nel 1992 Bettino Craxi, additato come uno dei principali responsabili del sistema di finanziamento illegale dei partiti messo a nudo dai giudici, in un memorabile discorso parlamentare non negò affatto l'esistenza di tale sistema, anzi fece una chiamata di correo nei confronti di tutta la classe politica, ma affermò che proprio per questo era la politica stessa, non la magistratura, a dover risolvere il problema. Anche nel suo caso, la pretesa era affermare la superiorità della politica rispetto al vincolo delle leggi, almeno in situazioni di emergenza. Nel caso di Berlusconi, c'è però qualcosa di più: non solo la negazione di ogni tipo di responsabilità, ma l'attribuzione del conflitto stesso con la magistratura a una macchinazione di quest'ultima.

Fine di un'epoca?

Malgrado tutto questo, non ci sono per ora segnali sufficienti di erosione del potere berlusconiano. I sondaggi di opinione circolanti non registrano significativi abbassamenti degli indici di gradimento. I suoi seguaci continuano a manifestare massicciamente il loro consenso convinto, appassionato ai limiti dell'infatuazione o addirittura del fanatismo. Quel che si può intravedere è un maggiore scollamento della sua maggioranza, con contrasti più espliciti tra l'alleato leghista e la componente legata al presidente della Camera, Gianfranco Fini, deciso a ritagliarsi uno spazio di visibilità autonomo nell'ambito del comune partito di appartenenza e a delineare gli elementi di una destra di profilo europeo non incamminata su derive plebiscitarie e populiste, attenta agli equilibri dello Stato liberaldemocratico e ai diritti di cittadinanza. Quel che si può prevedere è il declino biologico del leader, che avrà ulteriori e inesorabili ricadute sul suo appannamento politico sia per ragioni generali sia per contraccolpo rispetto allo straordinario investimento da lui compiuto sulla sua propria persona, la sua vitalità, il suo fascino. Esattamente come accadde nel caso di Mussolini, quando i segni del declino corporeo furono interpretati come indizi del suo tramonto politico e viceversa i segni della perdita di potere infittirono le voci sull'insorgenza in lui di svariate patologie. Esattamente come nel suo caso, anche in quello di Berlusconi la pervasività della figura del leader rende improponibile un discorso esplicito sulla sua successione. Quanto al fronte di opposizione, esso continua a essere segnato da una sostanziale inerzia e da manifestazioni di grande debolezza che sembrano escludere a breve termine la capacità di prendere in mano la situazione.

Anche la convinzione che l'Europa costituisca un fattore di contenimento, di delegittimazione e quindi di logoramento si è rivelata illusoria. Alla diffusa riprovazione della stampa europea, spesso più esplicita della maggioranza di quella italiana, non ha corrisposto una compatta presa di distanza dei ceti dirigenti dei diversi paesi, com'era avvenuto in altri casi, ad esempio l'ascesa al governo in Austria del leader populista Heider. Un certo imbarazzo mostrato dai governanti e dai politici continentali per i comportamenti spregiudicati del leader italiano non si è mai trasformato in esplicita ripulsa per l'anomalia da lui rappresentata né per le politiche praticate, spesso in contrasto con i principi fondativi dell'Unione europea. Non sono mancati anzi segni di accettazione e persino di ammirazione, se non di invidia, per il piglio e l'energia dimostrati, per l'ampiezza del consenso conquistato e per la forza del suo potere. Il violento attacco da lui sferrato, non senza concessioni a un frasario volgare, alle maggiori istituzioni italiane, di fronte all'ampia e compassata platea del Partito popolare europeo in congresso a Bonn (2009), non ha suscitato apprezzabili reazioni. Del resto, anche di fronte ai successi di Mussolini, negli anni venti non erano certo mancati il plauso e l'ammirazione dei conservatori europei e statunitensi.

È assai probabile dunque che l'Italia berlusconiana finisca più per consunzione del suo leader ed esplosione delle contraddizioni che egli fin qui è riuscito a comporre, che non per iniziativa e forza delle opposizioni. È pure assai probabile che gli italiani diventino in maggioranza antiberlusconiani non prima ma dopo che il leader sarà tramontato (così come diventarono in maggioranza antifascisti solo dopo che Mussolini fu destituito). Ma c'è anche chi pensa che il berlusconismo come modello di vita e codice di comportamento politico sia così profondamente penetrato nella società italiana da sopravvivere al tramonto e all'eventuale uscita di scena del suo artefice. Per tutti questi motivi il futuro e la fine dell'età berlusconiana, sia quanto ai tempi sia quanto alle modalità, appaiono per ora avvolti da una fitta cortina di imprevedibilità. I pessimisti paventano anzi il delinearsi di una lenta agonia, foriera di ulteriori, inesorabili degenerazioni della vita politica e civile del paese.

A conferma di questa previsione è venuto l'episodio cruento del 13 dicembre 2009. Al termine di un comizio in piazza Duomo a Milano, mentre come di consueto cercava il contatto diretto con i seguaci plaudenti, Berlusconi è stato violentemente colpito al volto da un oggetto lanciato contro di lui da uno psicolabile. Il suo volto è apparso, prima che egli venisse precipitosamente fatto riparare dalla scorta nella sua auto, vistosamente insanguinato e sofferente, con un'espressione insieme delusa, rabbiosa e spaventata, in sequenze rimbalzate su tutte le reti televisive nazionali e su molte internazionali. Tutti hanno potuto vedere che il premier, dopo essere stato sospinto nell'auto dalle guardie del corpo, ha però preteso dopo pochi attimi di riuscirne e di issarsi – rinnovando un gesto divenuto proverbiale fino a dare il nome a una svolta politica da lui compiuta circa un anno prima – sul predellino dell'auto per guardare verso la folla: c'è chi dice – in chiave apologetica – per sfida, ossia per «guardare in faccia l'attentatore», e chi per rassicurare i seguaci evitandone reazioni scomposte. Secondo altri interpreti, tra i quali l'autore di un saggio sul corpo del leader, ciò sarebbe avvenuto invece per tutt'altri motivi: per una sorta di coazione a ripetere il gesto tipico dell'ostensione del corpo, in questo caso del volto martirizzato – una sorta di Sacra Sindone dal vivo – a beneficio delle folle plaudenti. Certo è che l'impulso a mostrarsi deve essere stato imperioso quanto basta per costringere gli uomini della scorta a subirlo, mettendo in atto un comportamento giudicato in maniera quasi unanime professionalmente antitetico a quello di rigore in casi simili, in quanto ha esposto lo stesso leader al colpo di grazia da parte di un eventuale complice dell'aggressore, di cui in quel momento non era noto il profilo.

Naturalmente il fatto ha sollevato un coro di condanne nel mondo politico ufficiale, mentre nella rete informatica sono comparse anche voci di soddisfazione per lo sfregio subito dal «tiranno». Nel commento politico a caldo, ancora una volta si sono riproposte interpretazioni strumentali, che attribuiscono genericamente il gesto violento al clima di odio dominante nel paese, senza interrogarsi sulle radici profonde di tale clima, o peggio riconducendolo e riducendolo *sic et simpliciter* alle dure polemiche condotte contro il capo del governo da una parte dell'opposizione, additata perciò senza mezzi termini quale mandante morale dell'aggressione.

In realtà il gesto rappresenta un accadimento non prevedibile né tanto meno ineluttabile, ma certo coerente con tutto il processo che abbiamo fin qui cercato di descrivere. La personalizzazione estrema della politica, di cui autore primario e ineguagliabile è stato proprio il leader della destra, l'iperbolica autocelebrazione narcisistica, la sovraesposizione mediatica, l'investimento politico cruciale sulla propria persona, la propria vita privata, il proprio corpo, hanno prodotto il più classico dei contraccolpi del carisma costruito con simili ingredienti: il desiderio di diminuirne e distruggerne il potere proprio laddove ne è stato edificato il fondamento e il simbolo, ossia con una lesione fisica. Le caratteristiche della personalità dell'assalitore, da molto tempo in cura presso i servizi di salute mentale, sembrano spiegare perfettamente il gesto come risposta patologica alle abnormi manifestazioni di megalomania – mascherate, ma non abbastanza, dal tono ironico – cui il leader ha abituato gli osservatori. Lo proverebbe la frase che alcune fonti a stampa attribuiscono all'uomo nel momento dell'aggressione: «Io sono meglio di te». Secondo un sociologo italiano, sarebbe dunque evidente che il gesto dell'attentatore non è stato frutto dell'odio politico, men che meno della tensione sociale, ma della competizione nella società mediatica, ed è quindi assimilabile a quelli di cui sono frequentemente bersaglio le personalità più in vista, comprese le rockstar.

In questo senso c'è una differenza tra questo attentato e quello che colpì il capo del Partito comunista Togliatti nel luglio del 1948: Togliatti era un leader carismatico ma il suo carisma non aveva minimamente coinvolto il suo corpo e il suo aspetto fisico, piuttosto dimesso, semmai la sua finezza intellettuale e le sue abilità retoriche, e la sua esposizione mediatica non aveva potuto contare su mezzi di personalizzazione spinta come quella consentita oggi dalle televisioni: il clima di estrema tensione politica e la viscerale ostilità anticomunista ebbero allora un peso determinante in quanto tali nell'armare la mano dell'attentatore. Più simile a quello di Berlusconi era invece stato il caso di Mussolini appena ricordato. Anche Mussolini attirò, oltre a trasporti fanatici, odi profondi, che intrecciarono il fattore politico con quello propriamente personale e gli costarono diversi attentati. Scampato ai gesti violenti, egli fu però accompagnato nel tramonto da voci che riguardavano, non a caso, la sua salute fisica e mentale, come se la perdita del potere fosse in un certo senso preannunciata dal declino corporeo, a conferma dell'associazione indissolubile tra i due piani. Il suo corpo, a lungo circondato da adorazione, fu poi orrendamente scempiato e percosso, già cadavere, nella Milano della Liberazione.

Di fronte a questo fatto, viene naturale la domanda se esso abbia giovato o nuociuto, dal punto di vista politico, al presidente del Consiglio e quale peso avrà nel determinare gli avvenimenti futuri. Anche in questo caso, non si possono fare previsioni sicure. L'opinione più comune è che gli abbia giovato, aggiungendo un alone di martirio alla sua già estesa popolarità e costringendo i suoi avversari a modificare prudenzialmente le loro retoriche per non essere accusati, come è avvenuto subito dopo l'accaduto, di fomentare la violenza. I primi risultati dei sondaggi di opinione sembrano andare in questo senso. Ma è possibile che gli effetti siano ambivalenti: l'immagine insanguinata e impaurita del capo, esposta ripetutamente forse anche nell'intenzione di accrescere il sentimento di esecrazione, può apparire in realtà come un messaggio subliminale di detronizzazione, quindi come un presagio negativo. Non è affatto da escludere che questo costituisca un elemento di logoramento e acceleri il declino.

La storia di un'epoca non è compiuta se non parla della sua fine. Tra gli storici è anzi largamente condivisa la convinzione secondo la quale si può fare storia solo di un'epoca, un evento o un processo che sia in qualche modo concluso per poterne tirare le fila e insieme prendere le distanze. Questa regola contiene un elemento di verità ma non va presa alla lettera. Tra l'altro, la fine di un'epoca può verificarsi in modo repentino e tumultuoso o protrarsi per un tempo assai lungo: la fine del fascismo cominciò secondo alcuni con la dichiarazione di guerra (1940), divenne manifesta con la destituzione di Mussolini (1943), ma si prolungò almeno fino alla Liberazione (1945). D'altra parte, la storia non si occupa generalmente del futuro se non in quanto esso sia già presente in indizi, sintomi e appunto presagi, anche se latenti e invisibili se non a sguardi particolarmente penetranti come sono talvolta quelli dei poeti o dei visionari. Come si è visto, la parola fine noi non possiamo ancora pronunciarla e quanto agli indizi essi sono troppo labili e contraddittori per poter essere presi in considerazione.

Che quella a cui stiamo assistendo sia la fine di un'epoca è dunque un'opinione che comincia a trovare spazio tra i commentatori ma non può per ora essere che un'ipotesi, utile per suggerire un sintetico bilancio sul ruolo del personaggio da cui prende nome. In questi anni Berlusconi ha dato identità e forza alla destra, portandola al potere proprio quando essa sembrava più debole perché il vecchio partito conservatore era allo sbando, l'ala neofascista era ancora fuori gioco, mentre una nuova forza non era ancora nata e gli steccati che avevano tenuto lontano le sinistre dal governo erano virtualmente caduti. Nella storia d'Italia una vittoria della destra di tale chiarezza e di tale portata non si era vista prima se non con l'avvento del fascismo. Nella crisi di fine Ottocento una forte opzione di destra, che puntava a riportare lo Stato liberale dal modello parlamentare a quello monarchico-autoritario, era stata sconfitta e ciò aveva aperto la strada all'esperimento riformista di Giolitti. Nel secondo dopoguerra si era insediata al potere la Democrazia cristiana, un partito certamente conservatore ma fortemente segnato dalla cornice antifascista che era alla base dell'Italia repubblicana e condizionato da una pregiudiziale, raramente violata, contraria all'accesso al potere della destra vera e propria. Quest'ultima era perciò rimasta ai margini della vita politica.

In quanto principale artefice di tale vittoria, Berlusconi ha dato prova di capacità che possiamo tranquillamente definire fuori del comune, largamente imprevedibili e a prima vista incongrue con la modestia della sua figura. Sotto l'apparenza ingannevole della più assoluta superficialità e inadeguatezza, egli ha dato una risposta vincente alla crisi della vecchia politica in un mondo divenuto irriconoscibile rispetto a quello di qualche decennio addietro. Ha imposto un nuovo senso comune e ha fatto di questo una sabbia mobile nella quale i suoi avversari rimangono regolarmente impigliati. Nel contempo ha agito come causa permanente di instabilità, sia in virtù della sua posizione oggettiva di detentore di un impero mediatico che altera le regole della liberal-democrazia, sia in virtù dei suoi comportamenti, che hanno fatto di lui un fattore di crescente tensione rispetto più o meno alla metà degli italiani, alle massime istituzioni e agli ordinamenti della Repubblica.

Il suo stile politico è risultato più adatto a galvanizzare le schiere dei seguaci che non a governare. Da questo punto di vista non è stato – come egli pretende – un grande statista, meno che mai il miglior presidente del Consiglio che l'Italia abbia avuto in centocinquant'anni di storia – per usare le sue parole. Outsider della politica, ne ha certo imparato presto gli espedienti, le diplomazie e persino le capacità mediatorie che ne costituiscono in un certo senso l'essenza, esercitandole però solo all'interno del proprio campo, raramente nei confronti dell'altro, mai per governare il paese in quanto tale nella sua complessità e nel quadro delle sue istituzioni. Quando i suoi interessi personali e di potere sono parsi seriamente minacciati, ha mostrato chiaramente di considerarli un *prius* non negoziabile, di fronte al quale tutto il resto, istituzioni comprese, diventa una variabile dipendente. Ha fatto leva su una retorica antinomica che attinge a fattori emotivi molto profondi e inconciliabili: noi/loro, amore/odio, uomini onesti/vili orditori di trame, libertà/illibertà, vita/morte, ha agitato vecchi fantasmi come il comunismo per alimentare il disprezzo morale verso gli avversari, ha delineato con coerenza l'idea di un nemico interno tipica delle logiche di guerra. Tutto ciò poteva essere comprensibile come espediente di sfondamento mediatico all'esordio, ma è invece divenuto la cifra stabile del suo dire e del suo agire, sfociando in una mobilitazione ininterrotta, paradossalmente sorretta da una retorica e da un'estetica della concordia usate in realtà – nella più classica delle modalità orwelliane – per dividere anziché per unire. Il risultato è che, a quindici anni di distanza dal sussulto di cambiamento prodottosi a cavallo degli anni novanta, è come se la transizione non fosse approdata a nessun esito stabile. Al contrario, il paese ha imboccato un circolo vizioso di permanente tensione e di progressivo degrado dal quale ogni via d'uscita sembrerebbe preclusa.

Guida bibliografica

Il personaggio e la vicenda politica di cui ci siamo occupati in queste pagine sono stati oggetto di una serie di pubblicazioni, occasionali o più impegnative, con intenti polemici, di satira o di studio, di giornalisti, storici, politologi, sociologi, antropologi, narratori, italiani e non, praticamente ininterrotta. Il berlusconismo come categoria riguardante il costume televisivo e politico è entrato nel linguaggio corrente anche all'estero. Numerosi rinvii al fenomeno si trovano ad esempio nel libro del filosofo francese Dany-Robert Dufour, *La cité perverse. Libéralisme et pornographie*, Denoël, Paris 2009, cui ho fatto riferimento nel capitolo *Successo*. Conosco librerie nelle quali è stata inventata la categoria di «berlusconeide» per indicare un intero scaffale di pubblicazioni, alla pari di «gialli», «cucina regionale» e «letteratura italiana»: anche in questo si rivela la natura del fenomeno, la sua tendenza intrinseca alla moltiplicazione mediatica, allo scatenamento di un'affabulazione incontinente.

Impossibile dunque, e forse inutile, stare dietro a questa ridondante produzione di valore assai diseguale. Mi limiterò pertanto a fornire una sorta di breve guida, del tutto soggettiva e per nulla esauriente, ossia a segnalare le opere cui si è fatto esplicito cenno in queste pagine, quelle che ne hanno comunque ispirato alcuni passaggi, quelle da cui il lettore potrebbe trarre – secondo chi scrive – ulteriori elementi utili nell'ottica che si è inteso suggerire: quella di un distanziamento dall'oggetto secondo i modi di procedere del discorso storiografico, che esclude l'animosità ma non per questo va confuso con una sorta di prudente equidistanza o di un'asettica avalutatività, come quella talvolta usata per ragioni diplomatiche e di mercato dai manuali scolastici nell'avvicinarsi al tempo presente.

Fonti

Il lettore che voglia attingere alle fonti primarie relative all'immagine e alla costruzione del mito berlusconiano, senza addentrarsi nei meandri della documentazione televisiva assai complessa da consultare o di quella disponibile su internet assolutamente dispersiva e frammentaria, dovrà dare un'occhiata agli opuscoli autopromozionali prodotti da Berlusconi in occasione delle campagne elettorali del 2001 e del 2006 sotto forma di numeri unici di rotocalco, rispettivamente intitolati *Una storia italiana* e *La vera storia italiana*. Non sarà inutile in proposito ricordare come la stampa illustrata, con la sua tendenza a esplorare e a esibire la vita privata dei personaggi celebri avvicinandoli al grande pubblico, assieme alla televisione delle telenovele o soap opera, sia stato il formato prediletto dal leader per la diffusione pubblicitaria dell'autonarrazione. Personalmente ne ho conservato una copia in un piccolo dossier di cose notevoli dell'età presente, forse inconsapevolmente prevedendo che un giorno mi sarebbero state utili a una riflessione e a un bilancio.

Se invece si vogliono avere informazioni più precise sui dettagli giudiziari delle vicende del protagonista, non potendo consultare le centinaia di migliaia di atti processuali che lo hanno visto coinvolto, occorrerà affidarsi agli innumerevoli libri di Marco Travaglio, da solo o in collaborazione con altri, tra i quali Elio Veltri e Peter Gomez, tutti giornalisti molto competenti e implacabilmente critici del nostro personaggio. Il loro merito maggiore consiste appunto nell'aver consultato con pazienza certosina e messo a frutto quelle migliaia di pagine e altra documentazione, ricavandone resoconti informatissimi e ricchi di particolari in parte sconosciuti, in parte occultati, in parte dimenticati. Mi limito a ricordare, tra gli altri, *L'odore dei soldi* scritto da Travaglio e Veltri, Editori Riuniti, Roma 2001, di cui è appena uscita una nuova edizione aggiornata. Non bisogna cercare in questi libri una storia del berlusconismo a tutto campo, ma principalmente una cronaca dettagliata e una storia giudiziaria, che è solo una parte della storia complessiva. E nondimeno, da questo punto di vista essi sono decisamente preziosi anche perché contrastano con la grande macchina dell'oblio e della reinvenzione quotidiana del passato che costituisce uno dei punti di forza del berlusconismo stesso.

Utile per la mole di informazioni, talvolta di prima mano, anche l'opera recente di Paolo Guzzanti, *Guzzanti vs Berlusconi*, Aliberti, Reggio Emilia 2009. L'autore è un vulcanico e istrionico giornalista trasformista (già comunista, poi berlusconiano di punta, oggi ostilissimo al premier), i cui figli Sabina e Corrado ne hanno probabilmente ereditato le attitudini divenendo formidabili caratteristi satirici capaci di interpretazioni memorabili di personaggi dell'epoca (dallo stesso Berlusconi a diversi leader del centrosinistra): al punto che è difficile raccontare la storia di questi anni senza citarli o almeno senza averli in mente. L'opera, quantunque prolissa e a tratti ripetitiva, permette di dare uno sguardo dall'interno su alcuni temi trascurati in queste pagine, come le equivoche condotte del premier nei rapporti con i capi di Stato stranieri, specialmente i nuovi despoti dell'Europa orientale ex comunista (a cominciare dal russo Vladimir Putin, già agente segreto), da lui spregiudicatamente interpretate in termini di complicità affaristiche, personali e amicali, suscitando più di un sospetto negli ambienti dell'Unione europea e degli Usa.

La Lega

Anche nel caso della Lega Nord le analisi, le inchieste, le ricostruzioni si sprecano, ma il lettore troverà un ottimo strumento di orientamento nella produzione giornalistica e negli studi di un noto sociologo collaboratore di «Repubblica», Ilvo Diamanti, osservatore attento e diretto del fenomeno leghista fin dai suoi esordi, uno tra i primi a segnalarne la complessità e la gravità. Vanno menzionati, tra gli altri, il libro pubblicato nel 1995, *La Lega. Geografia, storia e sociologia di un soggetto politico*, Donzelli, Roma, e quello del 1996, *Il male del Nord. Lega, localismo, secessione*, sempre per Donzelli. A Diamanti sono debitore dell'interpretazione sull'uso leghista dei simboli cristiani in funzione di una religione etnica di difesa territoriale.

Non meno interessante è l'incursione fatta nel mondo leghista (precisamente a Bergamo), con categorie e metodi tipicamente antropologici, dalla studiosa francese di origine italiana richiamata nel testo, Lynda Dematteo, *L'idiotie en politique. Subversion et néo-populisme en Italie*, Éditions de la Maison des sciences de l'homme, Paris 2007. A lei devo il suggerimento sulle radici storiche profonde del leghismo padano nonché il riferimento alla componente carnevalesca della politica leghista che mi ha ispirato la pagina sui dirigenti di questo movimento.

Prodromi

L'autore cui si deve la migliore analisi del «ventennio a colori» e del rapporto tra televisione e società è uno storico esperto di mezzi di comunicazione di massa e in particolare del rapporto tra storia e media, Peppino Ortoleva, che diede questo titolo a un piccolo libro, piuttosto lungimirante, scritto all'indomani della prima vittoria del leader lombardo, a cui mi sono rifatto nel capitolo: *Un ventennio a colori. Televisione privata e società in Italia (1975-1995)*, Giunti, Firenze 1995. Leggendolo si capisce bene come l'apparizione di Berlusconi nello spazio della politica, apparentemente improvvisa, sia stata in realtà preceduta da una lunga preparazione: nel 1994 egli si presentò al suo pubblico come un personaggio già familiare di quel mondo che egli stesso aveva creato, non come una presenza nuova ma come un ritorno o se si vuole come una naturale ricollocazione. La sua consuetudine e l'ostentata amicizia con alcuni tra i maggiori divi dell'universo televisivo, a cominciare dal celeberrimo Mike Bongiorno, danno di per sé la misura di questa simbiosi.

Nella ricostruzione del decennio craxiano ho trovato molto utile il saggio di Guido Crainz, *Autobiografia di una Repubblica. Le radici dell'Italia attuale*, Donzelli, Roma 2009, dove la vicenda berlusconiana è tratteggiata come epilogo di un lungo percorso cominciato nel secondo dopoguerra, ma con il suo antecedente più prossimo nei lunghi anni ottanta. Nei mutamenti politici e di costume, nei processi di frantumazione della società e di degenerazione della politica-spettacolo, nell'attesa di un nuovo miracolo, nell'insofferenza per le norme, propri dell'età di Craxi ci sono tutte le premesse, secondo Crainz, che spiegano l'avvento del leader lombardo. Senza indulgere all'improbabile ricerca di «caratteri originali» degli italiani che farebbero del berlusconismo la ricaduta in una sorta di patologia congenita o almeno molto antica, egli contribuisce a ricordarci che esso non è nemmeno, al contrario, un epifenomeno passeggero e parentetico o un'invasione di mostri alieni (come si disse per un certo tempo del fascismo): affonda le radici nella precedente storia italiana ed è in quella, sia pure nel quadro di più ampi processi mondiali, che trova una spiegazione.

Per quanto riguarda il movimento dell'Uomo Qualunque, da me richiamato a titolo comparativo nel capitolo *Successo*, le pagine più pregevoli e godibili restano quelle a esso dedicate da Silvio Lanaro nell'opera *L'Italia nuova. Identità e sviluppo (1861-1988)*, Einaudi, Torino 1988.

Il corpo e l'immagine

Il migliore contributo in argomento è quello offerto dal libro omonimo di Marco Belpoliti (*Il corpo del capo*, Guanda, Parma 2009), che mette a punto un'interpretazione sulla personalità e sulle strategie comunicative del leader leggendo un repertorio di immagini fotografiche prodotte per lui da importanti professionisti, anche alla luce di categorie psicanalitiche e semiologiche. Un'applicazione di tale analisi all'episodio della recente aggressione subita da Berlusconi è stata offerta dallo stesso Belpoliti in un articolo su «Il Fatto Quotidiano» del 16 dicembre 2009 (*La vita e la morte nel corpo del re*) cui ho fatto riferimento nel testo al capitolo *Fine di un'epoca?* Il sociologo citato nello stesso paragrafo è Guido Martinetti, intervistato in un articolo sempre su «Il Fatto Quotidiano» del 15 dicembre 2009. Al sorriso di Berlusconi è dedicato un saggio dello storico britannico Stephen Gundle, pubblicato in «Altrochemestre», 1995, 3.

Punto di riferimento fondamentale in questo ambito restano però gli studi di Sergio Luzzatto sul tentativo di mummificazione del corpo di Mazzini (*La mummia della Repubblica. Storia di Mazzini imbalsamato, 1872-1946*, Rizzoli, Milano 2001), ampiamente richiamato da Belpoliti, e sulla biopolitica del corpo di Mussolini (*Il corpo del duce*, Einaudi, Torino 1998 e *L'immagine del duce. Mussolini nelle fotografie dell'Istituto Luce*, Editori Riuniti, Roma 2001): questi ultimi mi hanno suggerito più di un passaggio sul tema della costruzione del carisma e sul raffronto tra i due personaggi. Sul concetto di «totalitarismo mediatico» applicato al fascismo mi permetto inoltre di rinviare al mio *Il popolo bambino. Infanzia e nazione dalla Grande Guerra a Salò*, Einaudi, Torino 2005.

Sul tema affine del linguaggio, e in particolare sull'applicazione alla politica del codice sportivo, al quale ho fatto accenno nel capitolo introduttivo, rinvio agli studi sullo sport come battaglia mimetica carica di aggressività regolamentata, in particolare a N. Elias - E. Dunning, *Sport e aggressività. La ricerca di eccitamento nel «loisir»*, il Mulino, Bologna 1989, da cui traggo questa citazione: «Uno dei più importanti requisiti di un regime parlamentare, come quello che emerse in Inghilterra nel Settecento, era la disponibilità da parte di una fazione o un partito al governo di consegnare il potere ai propri oppositori senza usare la violenza se le regole del gioco parlamentare lo richiedevano; ad esempio se un'importante votazione in parlamento o un'elezione a livello nazionale si pronunciavano contro di esso». La frase «non faremo prigionieri» citata nel testo è di Cesare Previti ed era contenuta in un'intervista al «Messaggero» del 15 aprile 1996. Di analogo tenore le dichiarazioni a lui attribuite in altre circostanze, in particolare in un'intervista de «La Stampa» il 22 dicembre del 2000, secondo la quale avrebbe usato l'espressione «faremo piazza pulita».

Caratteri

Gli storici non si sono tirati indietro di fronte al fenomeno, mettendo in gioco gli strumenti del loro mestiere e accompagnando la vicenda con tentativi di messe a punto che ne hanno marcato i passaggi salienti: l'esordio e i primi successi, il bilancio delle diverse esperienze di governo, la sconfitta del 2006. Un serio sforzo di analisi su singoli temi dell'operato di governo a meno di un anno di distanza dalle elezioni del 2001 vinte dal centrodestra, era fornito nel 2002 da un libro a cura di Francesco Tuccari, *Il governo Berlusconi. Le parole, i fatti, i rischi*, Laterza, Roma-Bari 2002, con il contributo di noti studiosi: da Luigi Ferrajoli (giustizia) a Nicola Tranfaglia (informazione), da Giuliana Zincone (immigrazione) a Giovanni Sartori (conflitto d'interessi) e molti altri. Tramontata l'illusione che il fenomeno fosse sostanzialmente passeggero, tutti gli autori avvertivano con preoccupazione la serietà di quanto stava accadendo, anche se il bilancio non poteva che essere provvisorio. Il giudizio forse più netto è quello che si ricava dalle pagine del giurista Ferrajoli, che intravedeva con nettezza «una crisi degenerativa della nostra democrazia».

Un contributo di primo piano è venuto da uno dei maggiori storici dell'Italia del secondo dopoguerra, il britannico Paul Ginsborg, per la verità da tempo residente in Italia, pienamente partecipe della vita politica e culturale italiana, appassionato protagonista del dibattito democratico, autore di numerosi studi dedicati alla questione. In un saggio pubblicato nel 2003 (*Berlusconi. Ambizioni patrimoniali in una democrazia mediatica*, Einaudi, Torino) egli ha tentato per la prima volta una sintesi definitoria e un bilancio critico non contingente della presenza berlusconiana sulla scena italiana, traendone conclusioni tutt'altro che rassicuranti. Quello di Berlusconi non è certo un caso isolato nella realtà politica contemporanea, ma un prototipo e la forma più compiuta di un progetto neoautoritario, consistente nella riproposizione in contesto moderno di un modello arcaico di Stato patrimoniale, ovvero di «controllo personale carismatico sul moderno Stato democratico». Il che è qualcosa di più e di peggio del populismo. È allo studioso inglese che faccio riferimento a proposito dell'uso dei criteri classificatori delle democrazie elaborati da Larry Diamond e Marc Platter, *The Global Divergence of Democracies*, Johns Hopkins University Press, Baltimore 2001. Del libro di Ginsborg esiste una versione più ampia in lingua inglese col titolo *Silvio Berlusconi: Television, Power and Patrimony*, Verso, London 2004, che contiene tra l'altro un'accuratissima biografia del leader.

Ginsborg è poi coautore di un volume curato da Giampasquale Santomassimo che ho citato nel capitolo iniziale, contenente gli atti di un convegno tenutosi presso l'Università di Firenze nel 2002: *La notte della democrazia italiana. Dal regime fascista al governo Berlusconi*, Il Saggiatore, Milano 2003, con il contributo di alcuni tra i maggiori studiosi del fascismo e della storia d'Italia. Come chiarisce bene il sottotitolo del convegno (*Senso e limiti di una comparazione*), il volume sottopone a rigoroso vaglio critico la comparazione tra due momenti della storia italiana, il ventennio fascista e l'esperienza berlusconiana, affiorante nella polemica politica e nel senso comune ma spesso tacciata di grossolanità antistorica. Intesa nel suo significato metodologicamente più autentico e fecondo, la comparazione, che parte da elementi di somiglianza per cogliere le diversità e viceversa, viene considerata dagli autori, anche quelli meno inclini ad assumere una definizione del berlusconismo in termini di «regime», tutt'altro che inaccettabile. Tutti convengono che tra la crisi italiana del primo dopoguerra dalla quale scaturì il fascismo e quella degli anni novanta la distanza è abissale, ma tutti sembrano riconoscersi nell'affermazione da cui parte uno di loro, John Stuart Woolf, che io stesso ho in parte ripreso: «È una forzatura, dal punto di vista storico, proporre una comparazione tra il regime fascista e il governo Berlusconi? Ritengo di no, perché nella storia dell'Italia unita essi costituiscono gli unici esempi di governo di una nuova destra, autentica ed esplicita».

Un'ampia ricostruzione della storia sociale e politica italiana del dopoguerra e una ricognizione partecipe sullo stato della democrazia italiana dopo oltre un decennio di berlusconismo si trovano nel lavoro del politologo francese Marc Lazar, ottimo conoscitore del nostro paese e collaboratore abituale di giornali italiani, dal titolo *Democrazia alla prova. L'Italia dopo Berlusconi*, Laterza, Roma-Bari 2007. In realtà il titolo originale del libro, uscito un anno prima, era *L'Italie à la dérive. Le moment Berlusconi*. La scomparsa dell'espressione «alla deriva» sembra attenuare il giudizio critico dello studioso, che in realtà oscilla tra la sottolineatura degli elementi di rottura insiti nell'esperimento politico in atto e la considerazione fin troppo ottimistica sulla capacità della democrazia italiana di fronteggiarlo. In ultima analisi egli respinge come esagerate e improprie le definizioni del fenomeno berlusconiano come compiutamente eversivo, ma a fargli velo in questo senso è forse il momento in cui scrive: all'indomani della vittoria di Prodi del 2006, molto risicata ma tale da lasciare aperto uno spiraglio di speranza nella possibilità di raddrizzare la situazione, *prima* della schiacciante vittoria di Berlusconi nelle elezioni del 2008 seguite al disfacimento precoce della maggioranza prodiana, e a maggior ragione *prima* delle convulse vicende che hanno caratterizzato inaspettatamente l'ultimo anno di governo del leader, disegnando con più nettezza gli elementi degenerativi della sua leadership.

In genere coloro che si misurano con la vicenda dopo la schiacciante vittoria del centrodestra nelle elezioni del 2008, e dopo l'inasprimento dello scontro istituzionale nel corso del 2009, danno un giudizio più ultimativo e pessimista degli studiosi che ne avevano offerto un profilo all'inizio del decennio. Tra gli altri il giornalista di «Repubblica» Massimo Giannini, che fin dal titolo del suo volume (*Lo statista. Il ventennio berlusconiano tra fascismo e populismo*, Baldini Castoldi Dalai, Milano 2008) lascia intendere la gravità della diagnosi. Tornando alla comparazione di cui si diceva, egli non esita infatti a identificare diversi tratti in comune tra berlusconismo e fascismo storico, e parla di quella italiana come di una democrazia a parabola discendente al termine della quale si profila un soffocante totalitarismo post-ideologico.

Media

La questione riguardante il peso dei media nella determinazione del successo di Berlusconi è naturalmente una delle più discusse e se ne trova traccia pressoché in tutti i testi citati. I dati sul modo in cui gli italiani si sono formati un'opinione per le elezioni europee del 2009 sono ripresi da un comunicato del Censis (Centro studi investimenti sociali) del 9 giugno 2009. Per il resto mi limito a rinviare a studi di diversa epoca che hanno espresso opinioni differenti in proposito: Luca Ricolfi, *Elezioni e mass media. Quanti voti ha spostato la Tv*, in «il Mulino», 1994, 6; Giacomo Sani (a cura di), *Mass media ed elezioni*, il Mulino, Bologna 2001; Giovanni Gozzini, *Mass media e politica*, nell'opera citata a cura di Giampasquale Santomassimo, *La notte della democrazia italiana*.

Fine di un'epoca?

La fine dell'età berlusconiana è tema che ha cominciato a essere quantomeno nominato nel dibattito politico tra il 2009 e il 2010, ed è entrato nell'orizzonte delle cose possibili se non proprio imminenti. Anche la saggistica ne risente. Tra i recenti libri di denuncia sui caratteri mistificatori dell'esperienza berlusconiana, uno dei più forti e sconsolati è quello dovuto alla penna di un altro giornalista di «Repubblica», Curzio Maltese, già autore di altri pregevoli testi sulla fase politica attuale, che appunto trasmette fin dal sottotitolo il senso di una fine: *La bolla. La pericolosa fine del sogno berlusconiano*, Feltrinelli, Milano 2009. Come una bolla di sapone, libratasi nell'aria quindici anni fa piena di seduzioni, la vicenda sarebbe ora prossima all'esplosione, dalla quale il paese uscirà, secondo Maltese, pieno di ammaccature e di macerie. Il libro contiene tra l'altro un impietoso ritratto psicologico del leader, che riprende la diagnosi di due importanti psicoanalisti italiani secondo i quali egli presenterebbe i sintomi conclamati di un disturbo narcisistico grave. L'interpretazione in chiave illusionistica del suo successo sembra però lasciare in secondo piano lo spessore dell'esperimento politico, conferendo al testo il carattere preminente di una robusta quanto amara invettiva.

Nell'orizzonte della chiusura e del bilancio di un ciclo si muove anche il più recente contributo di Nicola Tranfaglia, *Vent'anni con Berlusconi (1993-2013). L'estinzione della sinistra*, Garzanti, Milano 2009 (che si riannoda al precedente *La transizione italiana*, Garzanti, Milano 2003). L'anticipazione virtuale del 2013, data della fine normale della legislatura, serve ad accentuare l'ottica prospettica sul ventennio (lo stesso arco di tempo del fascismo), segnata da valutazioni e previsioni di meditato pessimismo: «A chi mi chiede se viviamo già in un regime autoritario – certo diverso dal fascismo ma per certi aspetti non meno preoccupante – rispondo che il governo Berlusconi lo ha già in parte costruito». Anzi, la fine della legislatura e del ventennio potrebbe non coincidere con la fine dell'età berlusconiana che, complice l'eclissi dell'opposizione di sinistra, rischia secondo Tranfaglia di spingersi oltre quella data.

Finito di stampare il 29 gennaio 2010
per conto di Donzelli editore s.r.l.
presso la Società Tipografica Romana
Via Carpi, 19 - 00040 Pomezia (Roma)